现代商务谈判语言艺术研究

胡亚西　王金花　曹春红　著

西北工業大學出版社

西　安

【内容简介】 本书围绕现代商务谈判语言艺术，在内容编排上共设置六章，分别是商务谈判的基本理论分析、商务谈判信息的搜集处理与语言技巧、商务谈判的基本素质要求、现代商务谈判语言分析、商务谈判的思维与语言沟通路径探索以及商务谈判的磋商艺术与策略分析。

本书可作为高等院校相关专业师生的参考书，也可作为从事相关工作人员的参考书。

图书在版编目（CIP）数据

现代商务谈判语言艺术研究 / 胡亚西，王金花，曹春红著. -- 西安 : 西北工业大学出版社，2019.12

ISBN 978-7-5612-7001-1

Ⅰ. ①现… Ⅱ. ①胡… ②王… ③曹… Ⅲ. ①商务谈判-语言艺术-研究 Ⅳ. ①F715.4

中国版本图书馆 CIP 数据核字(2020)第 005715 号

XIANDAI SHANGWU TANPAN YUYAN YISHU YANJIU

现 代 商 务 谈 判 语 言 艺 术 研 究

责任编辑：张　友　　　策划编辑：雷　鹏

责任校对：何格夫　　　装帧设计：吴志宇

出版发行：西北工业大学出版社

通信地址：西安市友谊西路 127 号　　　邮编：710072

电　　话：（029）88493844　88491757

网　　址：www.nwpup.com

印 刷 者：北京市兴怀印刷厂

开　　本：710 mm×1 000 mm　　　1/16

印　　张：11.75

字　　数：243 千字

版　　次：2020 年 1 月第 1 版　　　2023 年 4 月第 2 次印刷

定　　价：68.00 元

前　言

谈判遍布人类活动的每一个地方，是现实生活中无处不在的社会现象。当今世界，无论是在政治、经济、军事、外交领域，还是在社会生活方面，谈判都发挥着重要的作用，成为人与人之间、家庭与家庭之间、机构与机构之间、国家与国家之间沟通、合作和协调相互关系必不可少的工具。随着市场经济的深入发展，各种层次、各种类型、各种规模的商务谈判与日俱增，商务谈判已经渗透到商务活动的每个角落。商务谈判是国家和企业必不可少的经济交往活动，商务谈判的成败，不仅关系到企业的生存与发展，还关系到国家经济的发展。

商务谈判既是一门科学，更是一门艺术。它是融政治性、技术性、艺术性为一体的综合性很强的应用型学科，其涉及的理论知识极其广泛，结合了市场营销、国际贸易、法律、语言、心理、艺术、演讲、公共关系、投资、财务、金融、会计、政治、经济和文化等多门学科。商场如战场，谈判桌上风云变幻，波澜起伏，这要求谈判者不仅要有胆识、能说会道，还要有知识、智慧、经验、技巧和艺术。

本书围绕现代商务谈判语言艺术，在内容编排上共设置六章，分别是商务谈判的基本理论分析、商务谈判信息的搜集处理与语言技巧、商务谈判的基本素质要求、现代商务谈判语言分析、商务谈判的思维与语言沟通路径探索以及商务谈判的磋商艺术与策略分析。

本书内容充实，通俗易懂，不仅包含了商务谈判语言艺术的基本理论知识，也注重谈判信息、谈判语言、谈判思维的解析，对所涉及的知识点进行较为详细的论述。同时，本书试图构建较为科学、完善的知识结构，全书从商务谈判语言的基本理论为逻辑起点，按照先概述、后逐条分析的结构进行讲解，这对现代商务谈判语言的理论学习与实践具有非常重要的意义。

本书的撰写得到了许多专家学者的帮助和指导，在撰写过程中参考了相关文献，在此一并表示诚挚的谢意。

由于水平有限，书中难免有疏漏与不够严谨之处，希望各位读者提出宝贵意见。

著　者

前　言

编　者

目　录

第一章　商务谈判的基本理论分析

谈判有着悠久的历史，自从人类有了社交活动，就有了谈判。随着社会经济的发展和进步，人们越来越多地感到，谈判是经济生活中不可缺少的活动。

本章围绕商务谈判的基本理论，论述商务谈判的特征表现、原则、类别划分、模式分析、作用与评价标准以及商务谈判的语言表述和技巧。

第一节　商务谈判的特征表现

一、谈判与谈判学认知

（一）一种普遍的人类行为：谈判

谈判是日常生活中很常见的活动，是人际间一种特殊的双向沟通的行为方式。双方经过交谈，进行价值判断，逐步向互利合作的“成交”契合点上靠拢。可以说，每个人每天都在不知不觉中进行着谈判，谈判是一个无法回避的现实，它存在于人们生活的各个层面和各个方面。现实世界就是一个巨大的谈判桌，你无论喜欢与否，都是一个谈判者。

长期以来，人们经常有一种误解，认为谈判只是谈判人员的事，是职业外交人员、政治家、商务主管人员才会面对的事。事实上，无论是在政治、文化、教育、家庭、婚姻、社交等活动中，还是在大量的经济活动中；无论是在战争、领土、民族等重大问题的矛盾冲突中，还是在人们的日常生活中，处处、时时都有谈判发生。

谈判有广义、狭义之分。广义的谈判包括一切有关“协商”“交涉”“商量”“磋商”的活动，如在市场购物时的讨价还价、找工作时的求职面试、与同事协商工作上的安排等；狭义的谈判是指在正式场合中两个或两个以上的组织按一定的程序，对特定问题进行磋商，最后达成协议的过程。谈判作为一种普遍的生活现象，并不是人类社会发展到今天才有的独特现象，而是古往今来始终存在的一种事实。所不同的只是，由于现代社会人们之间的交往大大增加，因而需要通过谈判协调的事务也大大增加。与古代社会相比，现代的人们以比过去更大的频率参与到更广层面的谈判之中。

谈判不但是一种普遍的人类行为，而且是一种必须予以认真对待的生活现实。谈判的过程如何，取得怎样的结果，对人们未来的生活和工作可能会产生十分重大的影响。著名未来学家约翰·奈斯比特(J.Naisbitt)在评价尤里的《逾越障碍：寻求从对抗到合作的谈判之路》一书时认为："随着世界的变化，谈判正逐步变成主要的决策制定形式。"作为一种决策制定形式，谈判的过程及其结果直接关系到当事各方的有关利益能否得到满足，关系到决策各方的未来关系，关系到有关各方在未来相当长的时期内的活动环境。

一次成功的谈判可能帮助企业化解重大危机，一场失败的谈判则可能将企业为开拓一个新的市场所付出的若干努力付诸东流。

(二) 正在成长的年轻学科：谈判学

由于谈判与其他人类活动有着密不可分的联系，谈判行为的普遍性及其过程和结果的重要性促使人们去探究谈判活动的内在规律。自古以来，在大量文献中都有与谈判有关的某些研究，如对人们日常交流中的语言技巧的研究，对跨文化交流技巧的研究，对外交、军事关系的研究等。古今中外的历史上，有过大量掌握了高超谈判技巧、出色完成各自使命的人物，如中国历史名著《史记》中所记载的蔺相如、毛遂、晏婴等人。

将谈判作为一门学科加以系统研究是20世纪中期以后的事。曾任美国谈判学会会长的美国著名律师杰勒德·尼尔伦伯格(Gerard Nierenberg)在其《谈判的艺术》一书的再版导言中宣称："当《谈判的艺术》一书于1968年初版之时，它开拓了一门新的学科，展示了一个新的研究领域。'谈判'一词，第一次获得了它的社会地位……作为一门学科，它已被视为一个包罗万象的体系，可以用来解决有关人类存在的一些最为棘手的问题——人际关系、企业间的关系和政府间的关系。"

确实，自20世纪60年代以来，越来越多的学者将研究视角转向谈判及其有关问题。其中，罗杰•费希尔所领导的哈佛谈判研究项目享有很高的声誉。20世纪80年代中期以后，以大量的谈判研究成果为基础，顺应人才培养的需要，谈判课程进入越来越多的美国大学课堂。对谈判基本原理的理解和对某些基本技巧的学习运用已成为许多专业，尤其是商科学生的必修课程。

在中国，随着经济生活中各个层面谈判实践的大量增加，对谈判理论和实践技巧的需求也十分迫切。随着相关学科的学者纷纷介入商务谈判理论研究领域，商务谈判学的研究内容日益丰富。从与实践相结合的角度看，更能反映商务谈判学的学科属性和基本特征的主要研究内容有：对商务谈判活动及谈判者行为模式的研究；对不同谈判类型的特征的研究；对商务谈判思维方式与谈判语言运用的研究；对商务谈判环境、谈判心理、谈判气氛的研究；对商务谈判信息及其对于谈判活动的作用的研究；对商务谈判的数学及经济分析方法的研究；对政治谈判、外交谈判、军事谈判、经贸谈判、事务性谈判等与商务谈判的关联性和差异性的研究；对特定的政治、经济、法律及社会文化背景对商务谈判的制约作用的研究；等等。从20世纪90年代初起，谈判课程也逐步进入我国大多数高等学校的课堂。

谈判学作为一门学科的历史非常短，虽然发展十分迅速，但仍然是一门年轻的学科。

二、谈判的定义及特点

(一) 谈判的定义

为了提高实际谈判的效率，人们需要弄清楚什么是谈判。这也是很多谈判研究者试图回答的第一个问题。

什么是谈判？在谈判研究的初期，无论是在美国还是在中国，都曾有人对谈判作为一门独立学科的科学性，甚至对谈判活动是否存在一定的规律性、是否需要对谈判进行研究等提出怀疑。

有人认为，就其本质而言，谈判是一种骗术，并没有什么科学性或艺术性可言。随着对谈判实践及其理论研究的不断深入，人们越来越认识到成功的谈判实践需要有优秀的谈判理论的指导。否定谈判研究的必要性及其科学性的人越来越少。但是，在认可谈判理论研究的科学性的前提下，由于文化背景的差异或考虑问题角度的不同，人们对谈判所做出的解释存在着很大的差异。

有关谈判的定义还有许多。从上面引述的若干定义中可以看出，有些学者主张将谈判理解为一种技能，有些则理解为一个过程，等等。总结这些观点，可以将谈判定义为：谈判是有关组织或个人为协调关系或化解冲突，满足各自的利益需求，通过沟通协调以争取达成一致的行为过程。

(二) 谈判的特点

理解谈判的这一定义，必须掌握谈判所具有的几个特征。

第一，谈判是一种目的性很强的活动。谈判是双方或多方为实现各自的目的所进行的反复磋商的过程。人们参与谈判通常都是为了实现某些目的。

第二，谈判是一种双向交流与沟通的过程。这个过程既是双方或多方共同参与的过程，又是一个说服与被说服的过程。

第三，谈判是“施”与“受”兼而有之的一种互动过程。这就是说，单方面的施舍或单方面的承受(不论是自愿的还是被动的)，都不能算是一种谈判，因为谈判涉及的必须是“双方”，所寻求的是双方互惠互利的结果。互惠互利，不是那种“我赢你输”或“我输你赢”的单利性“零和博弈”结果，而是“我赢你也赢”的双双获利的“非零和博弈”结果。唯有达成双方互惠互利，才能实现确认成交的良性结果。“博弈”，也叫“对策”。所谓“非零和博弈”是相对于“零和博弈”[1+(−1)=0]而言的。对谈判来说，“非零和博弈”的原则，应始终贯穿于全过程。一场成功的谈判，每一方都是胜者。

第四，谈判同时含有“合作”与“冲突”两种成分。任何一方的谈判者都想达成一个满足自己利益的协议，这是要进行谈判的原因。为了达成协议，参与谈判的各方均须具备某一程度的合作性。缺乏合作性，双方不能坐到一起。但是，为了使自身的需要能获得较大的满足，参与谈判的各方势必处于利害冲突的对抗状态。否则，谈判就没有必要。因此，任何一种谈判均含有一定程度的合作与一定程度的冲突。

第五，谈判是“互惠”的，但并非均等的。“互惠”是谈判的前提，没有这一条，则谈判将无从继续。“非均等”是谈判的结果，导致产生这种谈判结果的主要原因在于：谈判各方所拥有的实力与投入、产出的目标基础不同，包括双方的策略、技巧各不相同。

三、商务谈判的定义及特点

（一）商务谈判的定义

商务谈判，也叫商业谈判，是指当事人各方为了自身的经济利益，就交易活动的各种条件进行洽谈、磋商，以争取达成协议的行为过程。任何一项协议，都是因为各方利益不同才产生达成协议的愿望。在商品交易谈判中，买主和卖主对商品和货币都喜欢，但偏爱的对象却不同。卖主对货币的兴趣超过其对商品的兴趣，买主则相反，于是交易就这样达成了。

（二）商务谈判的特点

商务谈判作为谈判的一个种类，除了具有一般谈判的特质外，还有它自身的特点。

第一，商务谈判是以经济利益为目的的，讲求经济效益，一般都是以价格问题作为谈判的核心。

第二，商务谈判是一个各方通过不断调整自身的需要和利益而相互接近，争取最终达成一致意见的过程。

第三，商务谈判必须深入审视他方的利益底限，任何一方无视他方的最低利益和需要，都将可能导致谈判破裂。

因此，共同性的利益和可以互补的分歧性利益，都能成为产生一项明智协议的诱因。商务谈判不是瓜分剩余利益，更不是为了打倒对方。谈判也是一种合作，必须追求共同利益，才能使双方都得利。

第二节　商务谈判的原则与类别划分

一、商务谈判的原则解析

每一项商务谈判都依存于特定的环境和条件，并服从于谈判者对特定目标的追求，因而在现实中存在的大量商务谈判行为是各具特色、互不相同的。但是，任何一项商务谈判又都是谈判双方共同解决问题、满足各自需求的过程。从这个意义上讲，不同的商务谈判对谈判者的行为又有着共同的要求。或者说，无论人们参与何种商务谈判，都必须遵循某些共同的准则。

事实上，商务谈判是一种原则性很强的活动，了解商务谈判的原则，对于有效地规划谈判行为，从而正确地引导谈判活动的发展，争取谈判的成功，是十分重要和有益的。在商务谈判中，谈判者应遵循的原则主要有以下五方面。

（一）平等互利

商务谈判是一项互惠的合作事务。在任何一项商务谈判中，双方都应该是平等相待、互惠互利的。平等互利反映了商务谈判的内在要求，是谈判者必须遵循的一项基本原则。

商务谈判是涉及谈判双方的行为，这一行为是由谈判双方共同推动的，谈判的结果并不取决于某一方的主观意愿，而是取决于谈判双方的共同要求。在商务谈判过程中，谈判双方都是独立的利益主体，共同构成了“谈判”这一行为的主体，彼此的力量不分强弱，在相互关系中处于平等的地位。

从某种意义上讲，双方力量、人格、地位等的相对独立和对等，是谈判行为发生与存在的必要条件。如果谈判中的某一方由于某些特殊原因而丧失了与对方对等的力量或地位，那么另一方可能很快就不再把其作为谈判对手，并且可能试图去寻找其他的而不是用谈判的途径来解决问题，这样，谈判也就失去了它本来的面目。

参与商务谈判的双方都想实现自己的目标，都有自己的利益诉求，并希望通过谈判获取尽可能多的利益，因此谈判双方都是“利己”的。但对谈判双方而言，任何一方要实现自己的利益，就必须给予对方利益，每一方利益的获取都是以对方取得相应利益为前提的，因此，谈判双方又都必须是“利他”的。每一项商务谈判都包含了上述相互依存、互为条件的两方面。

商务谈判必须在平等的基础上进行，谈判所取得的结果应该对双方都有利，互惠互利是谈判取得成功的重要保证。但这并不是说双方从谈判中获取的利益必须是等量的，互利并不意味着利益的相等。在谈判过程中，任何一方都有权要求对方做出某些让步，同时，任何一方又都必须对他方提出的要求做出相应的反应。让步对确立双方的利益而言是必需的，但让步的幅度在不同的谈判方又可以是不相等的。

谈判双方为了某些共同的需要而走到一起，互相合作。同时，谈判双方又都有着自己的需要，其作为不同的利益主体相互对立，发生冲突。如果谈判的某一方只考虑自己的利益，只想满足自己的需要，那么这种谈判就缺乏最起码的基础，最终也不能取得理想的结果。

许多谈判者往往过分强调商务谈判中的冲突因素，认为可用来切割的利益是有限的、固定不变的，而没有意识到通过合作，双方还可能找到更有效的解决问题的途径。

西方学者常常用合作制作更大馅饼的情况来说明这一问题。谈判双方共同切割某一既定的利益，一方所得越多，另一方所得就越少；一方增加所得，另一方的所得就必然随之减少。这是一种典型的“赢—亏”式的谈判，其中冲突的因素要比合作的因素更为突出。

事实上，谈判双方可以通过共同努力来增加可能切割的利益总数。如果双方联合起来制作更大的“馅饼”，尽管其相对的份额(假设为50%对50%)保持不变，但各自的所得却增加了。这是一种典型的“赢—赢”式的谈判，其重点是合作，而不是冲突。

当然，在谈判中，50%对50%的做法仅仅是一种可能的结果，更为常见的是谈判各方都力图从那一块“馅饼”中取得较多的一份。尽管商务谈判强调合作更甚于强调冲突，但在任何一项谈判中又都存在冲突。所以，一个出色的谈判者应该善于合理地利用合作和冲突，在平等互利的基础上努力为本方争取最大的利益。

(二) 把人与问题分开

无论何种类型的商务谈判，无论其服从于谈判行为主体的何种目的，谈判都必须由特定的谈判人员参加，并由谈判各方的所有参与者共同推动。参加谈判的每一个人都有自己的价值观念，有自己的个性特征以及对客观事物的认知和情绪、情感体验。因此，任何一项商务谈判都会在一定程度上融入属于谈判者个人的某些因素，人的情感往往与正在谈判的问题的客观是非纠缠在一起。

商务谈判是以经济利益为目的的，每一个谈判者都希望达成自己的利益目标，人们对实际谈判活动的规划无疑也是以此为基础的。偏离了这个核心，不从谈判双方的利益关系出发，而是根据有关人员的个性来构想谈判的问题，人们就可能游离于实质性问题之外，从而使谈判丧失效率。在商务谈判过程中，人性的因素，包括各谈判人员所具有的正常的情感和理性，不可避免地会对谈判的进程产生影响。如果把谈判看作是对对方意志的考验，而不把它当作是共同解决问题的活动，人们就可能陷入一些无谓的争执或对立之中，最终导致谈判的失败。每一个谈判人员都应意识到，商务谈判不是解决人性问题的过程，而是人们共同解决谈判问题的过程。把人的问题与谈判的问题分开，这是谈判者必须遵循的一项重要原则。

把人与问题分开，并不意味着可以完全不考虑有关人性的问题。事实上，谈判者要避免把人的问题与谈判的问题混杂在一起，而不是放弃对这一问题的处理。在处理人的问题时，应该注意以下三方面的事项。

第一，每一方都应设身处地去理解对方观点的动因，并尽量弄清这种动因所包含的感情成分。人们对事物所持的观点或看法，都有其特定的背景和动因。谈判者如果站在对方的立场而不是自己的立场上去看待对方的观点，就不难发现在其观点的背后包容了多少理性的思考和感情的成分。离开了对人性问题的深刻理解和把握，处理人的问题的努力也就失去了基本的依托。

第二，谈判者应明了那些在谈判中掺杂进去或衍生而来的感情问题，并设法进行疏通。人们总是在一定的情绪、情感状态下参与谈判，人们的情绪、情感又随谈判行为的发展而发生变化。任何一方都不能无视对方的情感体验，任何一方都应该对他方的情感要求做出积极的反应。直率地讨论双方易动感情的问题，而对过激的情绪不做出直接的反应等，都有助于防止谈判陷入毫无成效的相互指责之中。

第三，谈判双方之间必须有清晰的沟通。双方都应该以积极的姿态来对待对方，主动地听取和注意对方的言谈，互相沟通对问题的看法，寻找彼此的共同点，而不是指责对方的缺点。双方都应当在适度的范围内进行信息的沟通，以使双方能明确地认识到彼此追求的利益所在。沟通的目的不是为了让人倾听谈话，而是讲清双方的利益关系。

总之，把人与问题分开，就意味着谈判双方肩并肩地处理问题，而不是面对面地看问题。这对于消除情感因素可能引发的不利影响，变消极因素为积极因素，有着非常重要的实际意义。

（三）重利益不重立场

谈判者所持的立场与其所追求的利益是密切相关的。立场反映了谈判者追求利益的态度和要求，而谈判者的利益则是使其采取某种立场的原因。利益在许多情况下是内隐的，而一个人的立场则由其自己决定，并常常通过自己的言谈举止显现出来。

人们持有某种立场为的是争取其所期望的利益，立场的对立无疑源于利益的冲突。如果谈判者所持的立场无助于其对利益的追求，就会重新审视这一立场，适当地修改和调整，甚至放弃这一立场。在商务谈判中，谈判者的立场服从于其对利益的追求。就立场对立的双方来说，重要的不是调和双方的立场，而是调和彼此的利益。

把注意力集中于相互的利益而不是立场，对谈判双方来说都是十分有益的。这是因为以下两方面的原因。

一方面，每一种利益通常都存在几个可能使这一利益得到维护的立场。谈判者追求某一利益的意愿，往往可以通过不同的立场来体现。例如，某一项谈判追求的利益是取得尽可能大的销售收入，谈判者的立场可能是坚持在价格上不做或少做让步，也可以是坚持要求对方在本方认可的某一个较低的价格水平上增加订货量。上述两种立场都是为谋求某种利益服务的，都有可能满足本方对利益的追求。如果谈判者过于看重立场，尤其是在与对方发生严重冲突的情况下仍一味坚持自己的立场，就可能动摇双方共同合作的基础，从而丧失原本可以获取的利益。

另一方面，在互相对立的立场背后，可能存在着双方共同和一致的利益。例如，某一谈判立场可能是坚持合同必须包括一项对延期发运货物给予严厉处罚的条款，双方在这一立场上各不相让。但如果透过双方对立的立场，就不难发现，双方的利益又有一致的方面：卖方希望取得源源不断的订单，买方则想要保证原材料的不断供应。因此，立场的对立并不代表着利益的完全对立。弄清谈判双方都能理解的利益，同时又坚定地为取得这些利益而采取灵活的措施，谈判双方就可以在彼此共同的利益上达成一致。

当然，谈判双方在关心自己利益的同时，也应关注对方的利益，这样，在阐述自己的利益时，才可能减少对方的抵触情绪。同样，还必须向对方解释其得到的利益，这样才能使对方意识到，即使双方在立场上存在冲突，但仍然可以合作争取共同的利益。谈判者在讨论利益时应尽量做到具体，过于抽象化的说辞难以取得对方的理解与信任。因为在某些情况下，所谓“原则上”的协议，往往意味着双方虽愿意安排一个解决问题的办法，但一时却找不到可以解决协议条款的任何基础。

（四）坚持客观标准

商务谈判是谋求双方互利的过程，是双方互惠合作的过程。但是，无论谈判者是如何了解彼此的利益和需求，或者多么重视维护双方的合作关系，任何一方都不可避免地要面对存在的分歧。人们都希望能够通过谈判来减少分歧，但分歧的减少甚至消除不是靠谈判者良好的主观愿望就可以实现的。

面对存在的分歧，有些谈判者往往持强硬的态度，试图迫使对方不断让步；有些谈判者则过分突出感情的因素，在对方的压力面前不断地退让。靠压力来达成协议可能给谈判者带来一时的利益，但其不可能只凭借强大的压力来获取长久的成功。同样，宽厚大方的做法虽然维系了双方的良好关系，但却陷自己于微利甚至是无利可图的境地，谈判的结果往往不尽如人意。

坚持客观标准的原则，就是坚持协议中必须反映出不受哪一方立场左右的公正的客观标准。谈判依据的是客观标准，而不是某一方的压力。通过对客观标准的讨论而不是固执地坚持自己的立场，就可以避免任何一方向另一方屈服的问题，使双方都服从于公正的解决办法。

在谈判中谈判者运用客观标准时，应注意以下几个问题。

第一，建立公平的标准。可供双方用来作为协议基础的客观标准是多种多样的，通常在商务谈判中，一般遵循的客观标准有市场价格、行业标准、价格指数、科学的计算等。客观标准的选取要独立于双方的意愿，并且为双方所认可和接受。

第二，建立公平的分割利益的步骤。例如，在两个小孩分橙子的传统例子中，“一个切，一个选”；大宗商品贸易由期货市场定价进行基差交易；在两位股东持股相等的投资企业中，委派总经理采取任期轮换法等，都是一些通过步骤来分割利益的例子。

第三，将谈判利益的分割问题局限于寻找客观依据。在谈判中，多问对方：您提出这个方案的依据是什么？为什么是这个价格？您是如何算出这个价格的？

第四，善于阐述自己的理由并接受对方提出的合理的客观依据。一定要用严密的逻辑推理来说服对方。对方认为公平的标准必须也对己方公平。运用所同意的对方标准来限制对方漫天要价，甚至两个不同的标准也可以谋求折中。

第五，不要屈从于对方的压力。来自谈判对手的压力可以是多方面的，如最后通牒、以信任为借口屈从、抛出不可让步的固定价格等。但是无论哪种情况，都要让对方陈述理由，讲明所遵从的客观标准。

（五）科学性与艺术性相结合

商务谈判是一门科学，同时又是一门艺术，是科学性与艺术性的有机结合。

一方面，商务谈判是人们协调彼此的利益关系、满足各自需要的行为过程，人们必须从理性的角度对所涉及的问题进行系统的分析研究，根据一定的规律、规则来制定谈判的方案和对策。谈判者不仅有着特定的目标，而且谈判行为的发生、发展又依存于某些特定的环境和条件，并受这些环境、条件的影响和制约。如果离开了科学的分析和决策，不对谈判活动做出科学的规划，就不可能有效地引导谈判行为的发展变化，使之始终朝向谈判者预期的方向和目标。

另一方面，商务谈判活动是由特定的谈判人员进行的，所以，谈判又是不同的人直接发生交流的一种活动。在这种活动中，谈判人员的知识、经验、情绪、情感以及个性、心理特征等因素，又都在一定的程度上对谈判的过程和结果产生影响。在商务谈判过程中，属于个人特性的那些因素往往是难以预测的，在许多情况下，它们对谈判可能产生的影响，很难在事先做出预测，调动和运用这些因素就具有某种艺术性。

例如，在客观环境和条件完全相同的情况下，同样的谈判由不同的人去进行，最终的结果往往是不一样的。一般来说，在涉及谈判双方的实力认定、谈判的环境分析、谈判方案的评估选择以及交易条件的确定等问题时，较多地强调科学性的一面；而在具体的谈判策略、战术的选择和运用方面，则较多地突出艺术性的一面。

在商务谈判过程中，谈判者应当既坚持科学，又讲究艺术，遵循科学性与艺术性相结合的原则。只有用理性的思维，抱着科学的态度去对待谈判，才能发现谈判中带有规律性的现象和实质要求，把握其一般的发展趋势。同时，只有运用艺术化的处理手法，才能及时化解谈判中可能出现的各种问题，灵活地调整自己的行为，从而使自己在面对不断变化的环境因素时，能保持反应的灵敏性和有效性。

从某种意义上讲，坚持谈判的科学性，谈判者就能够正确地规划自己的行为；而坚持谈判的艺术性，谈判者就可能找到更好的途径来实现预期的目标。

二、商务谈判的类别划分

商务谈判客观上存在不同的类型，认识谈判的不同类型，有助于更好地掌握商务谈判的内容和特点，更好地参与谈判和采取有效的谈判策略。可以说，对谈判类型的正确把握，是谈判成功的起点。

（一）按商务谈判参加的人数规模分类

按参加谈判的人数规模划分，商务谈判可以分为一对一谈判和团队谈判两类。

1. 一对一谈判

一对一谈判是指谈判双方都只有一个人参加而进行的协商谈判。这种谈判方式一般用于项目比较小的商务谈判中。虽然出席谈判的各方只有一个人，但这不意味着谈判者不需要做准备。相反，由于谈判双方只能各自为战，得不到助手的及时帮助，所以，在安排参加这种类型谈判的人员时，一定要选择有主见，决断力、判断力强，善于单兵作战的人。性格脆弱、优柔寡断的人是不能胜任的。单人谈判虽然是一种比较困难的谈判类型，但也有优点，其优势在于以下几方面。

第一，谈判规模小，所以在谈判活动的准备、地点、时间的安排上，可以灵活变通。

第二，谈判的方式可以灵活选择，气氛也比较和谐随便，特别是当双方谈判者比较熟悉、了解时，谈判就更为融洽。

第三，由于谈判双方人员都是组织的全权代表，有权处理谈判中的一切问题，从而避免了无法决策的保留局面。

第四，谈判双方便于沟通，也有利于封锁信息和保密。

2. 团队谈判

团队谈判也称小组谈判，是指谈判各方派两名或两名以上的代表参加的商务谈判。小组谈判是一种常见的谈判类型。小组谈判一般用于较大的谈判项目，情况比较复杂，各方有几个人同时参加谈判，各人之间有分工、有协作，取长补短，各尽所能，是一种效率比较高的谈判方式。小组谈判的优势在于以下几方面：首先，可以集思广益，寻找更多更好的对策方案；其次，可以运用各种战略战术，发挥团队优势；再次，小组分工负责，取长补短，各尽所能；最后，可以分散谈判对手的注意力，使之不将矛头全部对准一个人，从而可以大大减轻个人的压力。

（二）按商务谈判进行的地点分类

按谈判进行的地点划分，可分为主场谈判、客场谈判和第三地谈判三类。

1. 主场谈判的解析

主场谈判又叫主座谈判，是指谈判一方在自己所在地以东道主身份组织的谈判。主场谈判包括自己所居住的国家、城市或办公所在地。

主场谈判优点突出，它可在自己熟悉的环境中进行谈判，会给主方带来许多方便；在心理上有安全感和优越感，易于树立自信心；可随时检索各种资料并予以充分利用，客方则无此便利；利用室内布置、座位安排乃至食宿款待等创造某种谈判气氛给对方施加影响；谈判出现意外情况可随时向领导请示。

主场谈判也有其缺点，当谈判进入白热化阶段时，对方为了摆脱没有把握的决策压力，会借口资料不全而扬长而去；远离工作地的种种不便，成为对方中止谈判的体面借口；要支付较大的谈判成本，且容易被对方了解虚实。

2. 客场谈判的解析

客场谈判也叫客座谈判，是指在谈判对手所在地进行的谈判。客场谈判时，客居他乡的谈判人员会受到各种条件的限制，也需要克服种种困难。

客场谈判的人员可全心全意参加谈判，不受或少受本企业事务干扰，使对手无法借口无权决定或资料不全而故意拖延时间；因谈判小组在外谈判无法经常向领导汇报从而有更多灵活性，且能以授权有限为由，采取拖延战术，使自己由被动变为主动；可减少烦琐的接待工作。

由于谈判人员身处异地他乡，会有拘束感，会形成一些客观上的劣势，诸如谈判期限、谈判授权、信息交流以及可能的语言障碍；由于主办方过分的款待及娱乐活动会使谈判者失去斗志，所以谈判者要保持头脑冷静，与对方保持一定的距离，时刻记住自己的使命。

3. 第三地谈判的解析

第三地谈判是指在谈判双方所在地以外的其他地方进行的谈判。当存在双方冲突性大、关系微妙等原因时，在主场、客场谈判都不适宜的情况下，可选择中立地点进行谈判。

第三地谈判可以使双方能够平等地进行谈判。这种谈判对于任何谈判方都没有“主”“客”之分，享有同等的谈判气氛，这样也就避免了其中的某一方处于客场的不利地位。

此外，在内容上可达成某种默契或协议。在第三地由于气氛冷静，不受干扰，双方都比较注意自己的声望、礼节，通常能心情平和地对待问题。其缺点主要是不利于双方实地考察和了解对方的状况等。

（三）按商务谈判的沟通手段分类

商务谈判按沟通手段划分，可分为面对面谈判、电话谈判、函电谈判和网上谈判四类。

1. 面对面谈判的解析

面对面谈判是指谈判双方直接地、面对面地就谈判内容进行沟通、磋商和洽谈。一般地讲，凡是正规的谈判、重要的谈判、高规格的谈判，都以面对面的谈判方式进行。

第一，面对面的谈判具有较大的灵活性。谈判不仅是语言的直接交流，而且各方均能直接观察对方的仪表、手势、表情和态度，甚至利用私下接触，进一步了解谈判对手的需要、动机、策略，以及主谈人的个性等，能够及时、灵活地调整谈判计划和谈判策略。

第二，谈判的方式比较规范。商务谈判各方在谈判桌前就座，就形成了正规谈判的气氛，使每个参加谈判的人产生一种开始正式谈判的心境，很快进入谈判角色。

第三，谈判的内容比较深入细致。面对面谈判便于各方就某些关键问题或难点进行反复沟通，就谈判协议的具体条款进行反复磋商、洽谈，从而使谈判目标更容易达成。

第四，有利于建立长久的贸易伙伴关系。面对面的沟通容易产生感情，特别是在谈判工作之余谈论热门话题或文娱活动，可以加深了解，培养友谊，从而建立一种比较长久的贸易合作伙伴关系。

面对面谈判不足之处在于面对面谈判容易被对方了解己方的谈判意图。对方可以从己方谈判人员的举手投足、语言态度，甚至面部表情来推测己方所选定的最终目标以及追求最终目标的坚定性。而且面对面谈判决策时间短。通常在谈判期限内做出成交与否的决定，没有充分的考虑时间，也难以充分利用谈判后台人员的智慧，因而要求谈判人员有较高的决策水平。同时，这种谈判费用高。谈判各方都要支付一定的差旅费或礼节性的招待费等，从而增加了商务谈判的成本。可以说，在所有的谈判方式中，面对面谈判方式所需要的费用最高。

2. 电话谈判的解析

电话谈判是指借助电话通信进行沟通信息、协商，寻找达成交易的一种谈判类型。使用电话进行谈判的主要优势是快速、方便、联系广泛。

但是，电话谈判容易易被拒绝，有风险。电话谈判，双方互相看不见，“不”字更容易出口，而且，由于无法验证对方的各类文件，有被欺骗的风险。另外，某些事项容易被遗漏和删除，出现失误。多数情况下，电话方式谈判是一次性叙谈，往往是在毫无准备的状态下仓促面对某一话题，甚至进行某一项决策，谈判者有意无意地将某些事项遗漏或删除是在所难免的，因此容易出现失误。

3. 函电谈判的解析

函电谈判是指通过邮政电传、传真等途径进行磋商，寻求达成交易的书面谈判类型。

函电谈判方便、准确，有利于谈判决策。利用现代化通信手段沟通，能够做到方便、及时、快速，而且来往的电传、信函都是书面形式，做到了白纸黑字，准确无误，并且有比较充裕的时间思考，从而有利于慎重决策。同时省时且低成本。函电谈判方式可以使谈判人员无须四处奔波，省时又经济。

与其他谈判相比，函电谈判用书面文字沟通，有可能出现词不达意的情况，使谈判对方耗时揣摩。如果因此造成谈判双方各有不同的解释，就会引起争议和纠纷。谈判双方代表不见面，就无法通过观察对方的神态、表情以及习惯动作等来判断对方的心理活动，从而难以运用语言与非语言技巧，讨论问题往往不够深入、细致。

4. 网上谈判的解析

网上谈判是指借助互联网进行协商、对话的一种特殊的书面谈判。网上谈判为买卖双方的沟通提供了丰富的信息和低廉的沟通成本，因而有强大的吸引力。

网上谈判加强了信息沟通，有利于慎重决策。它快速、联系广泛、可以备查的特点，可以使企业、客户掌握所需要的最新信息，又能使谈判双方有时间进行充分的分析，慎重决策。采用网上谈判方式，企业大大降低了人员开销、差旅费、招待费以及管理费等，降低了谈判成本。

但是，网上谈判要面对商务信息公开化，导致竞争对手的加入。互联网的故障、病毒等会影响商务谈判的开展。

（四）按商务谈判的态度与方法分类

商务谈判按谈判的态度与方法划分，可分为软式谈判、硬式谈判和原则式谈判三类。

1. 软式谈判的解析

软式谈判也称让步型谈判或关系型谈判。这种谈判，把对方当作朋友，以达成相互满意的协议从而为进一步扩大合作打下良好的基础为目的，强调的不是要占上风，而是相互信任、让步，建立并维持良好的关系。

软式谈判的一般做法是信任对方，提出建议，做出让步，达成协议，维系关系。软式谈判是一种关系型谈判。如果当事各方都能以和为贵，以宽容、理解的心态处事，互谅互让，友好协商，那么，这种谈判将是一种高效率、低成本的谈判。同时，通过这种谈判相互之间关系会得到进一步加强。然而，由于价值观念和利益驱动等原因，有时这只是一种善良的愿望、相对理想化的境界。现实谈判中的各方，即使是在理性的前提下，也会在谋求合作的同时追求己方利益的最大化。在有长期友好关系的互信合作伙伴之间，或者在合作高于局部近期利益，今天的“失”是为了明天的“得”的情况下，软式谈判的运用是有意义的。

2. 硬式谈判的解析

硬式谈判也称立场型谈判。这种谈判，谈判者往往认为己方具有足够的实力，因此在谈判中提出自己的条件，强调己方的谈判立场。谈判者认为，谈判是一场意志力的竞赛，只有按照己方的立场达成的协议才是谈判的胜利。采用硬式谈判，常常是互不信任、互相指责，谈判也往往易陷入僵局、旷日持久，无法达成协议。而且，这种谈判即使达成某些妥协，也会由于某方的让步而履约消极，甚至想方设法撕毁协议、予以反击，从而陷入新一轮的对峙。只有在谈判难以进行下去时，才会采用硬式谈判，迫使双方不得已做出让步。采用这种谈判很难达成理想的协议，最后导致相互关系的完全破裂。

因为硬式谈判的参加者把谈判看作意志力的竞赛和搏斗，认为立场越强硬者，收获也就越多，所以把注意力集中于如何维护自己的立场而否定对方的立场上，从而忽视了寻找能兼顾双方利益的解决办法；其目的不是要达成协议，而是要获取坚守本方立场的胜利。

硬式谈判有明显的局限性，一般应用于以下两种情况。一种是一次性交往，这种谈判必须是“一锤子买卖”，也就是为取得一次胜利而用未来的合作做赌注。另外一种是双方实力相差悬殊，在这种情况下，一方处于绝对优势。

3．原则式谈判的解析

原则式谈判，也是价值型谈判，又称实质利益谈判，最早由美国哈佛大学谈判研究中心提出，故又称“哈佛谈判术”。这种方式吸取了软式谈判和硬式谈判之所长而避其所短，强调公正原则和公平价值，主要有以下特征：

第一，把人和事分开。谈判中对人温和、对事强硬，强调把人与事分开。

第二，坚持公正原则。主张按照客观公正性的原则和公平价值来达成协议，而不是简单地依靠具体问题讨价还价。当双方的利益发生冲突时，坚持按原则处理。

第三，谈判中开诚布公而不施诡计，追求利益而不失风度。

第四，谋求共同的利益，采取灵活立场。努力寻找共同点，争取共同满意的谈判结果。

原则式谈判是一种既理性又富有人情味的谈判。这种谈判与现代谈判强调的实现互惠合作的宗旨相符，日益受到推崇。

运用原则式谈判有其自身的要求：

第一，当事各方从大局着眼，相互尊重，平等协商。

第二，处理问题坚持公正的客观标准，提出相互受益的谈判方案，以诚相待，采取建设性态度，立足于解决问题。

第三，求同存异，互谅互让，争取双赢。

（五）按商务谈判的商务交易的地位分类

商务谈判按商务交易的地位划分，可分为买方谈判、卖方谈判和代理谈判三类。

1．买方谈判的解析

买方谈判是指以购买者的身份参与谈判。显然，这种买方地位不以谈判地点而论。买方谈判的特征主要表现在以下几方面：首先，重视搜集有关信息，“货比三家”；其次，极力压价，“掏钱难”。买方通常不会“一口价”随便成交。即使是重购，买方也会追求更优惠的价格；更何况，度势压人，“买主是上帝”。买方地位的谈判方往往会有“有求于我”的优越感，甚者盛气凌人。

2．卖方谈判的解析

卖方谈判是指以供应商的身份参加的谈判。同样，卖方地位也不以谈判地点为转移。卖方谈判的主要特征如下：

第一，出击。卖方即供应商，为了自身的生存和发展，其谈判态度自然积极，谈判中的各种表现也体现出主动精神。

第二，虚实相映。谈判中卖方的表现往往是态度诚恳、交易心切与软中带硬、待价而沽同在，亦真亦假、若明若暗兼有。当己方为卖方时，应注意运用此特征争取好的卖价。而当他方为卖方时，也应注意识别哪里是虚、哪里是实。

第三，“打”“停”结合。卖方谈判常常表现出时而紧锣密鼓，似急于求成，时而鸣金收兵，需观察动静。其目的都是为了克服来自买方的压力和加强卖方的地位。

3．代理谈判的解析

代理谈判是指受当事方委托参与的谈判。代理又分为全权代理和只有谈判权而无签约权代理两种。代理谈判的主要特征如下：

第一，谈判人权限观念强，一般都谨慎和准确地在授权范围之内行事。

第二，由于不是交易的所有者，谈判人员的谈判地位超脱、客观。

第三，由于受人之托，为表现其能力和取得佣金，谈判人员的态度比较积极、热情、主动。

（六）按商务谈判的谈判所属部门分类

按谈判所属部门划分，可分为官方谈判、民间谈判和半官半民谈判三类。

1．官方谈判的解析

官方谈判是指国际组织之间、国家之间、各级政府及其职能部门之间进行的谈判。

官方谈判的主要特征是谈判人员职务级别高、实力强；谈判节奏快、信息处理及时；注意保密、注重礼貌。

2．民间谈判的解析

民间谈判是指民间组织之间直接进行的谈判。

民间谈判的主要特征是相互平等、机动灵活、重视私交、计较得失。

3．半官半民谈判的解析

半官半民谈判是指谈判议题涉及官方和民间两方面的利益，或者指官方人员和民间人员共同参加的谈判、受官方委托以民间名义组织的谈判等。半官半民谈判兼有官方谈判和民间谈判的特点，一般表现为谈判需要兼顾官方和民间的双重意图及利益，制约因素多；解决谈判中各类问题时，回旋余地大。

（七）按商务谈判的谈判目标分类

商务谈判按谈判目标划分，可分为意向书谈判、协议书谈判、合同书谈判、准合同谈判和索赔谈判五类。

1．意向书谈判的解析

意向书是一种简单的意向声明，也有人称备忘录或谅解备忘录，主要说明签字各方的某种愿望，或某个带先决条件的、可能的承诺。它对签字人并不构成一种合同义务，但有备忘的作用。

意向书谈判的一般特点是谈判可发生在谈判初期、中期或后期，针对交易总体的、原则的或个别问题，是一种比较灵活的谈判。

2．协议书谈判的解析

协议书谈判是指谈判各方对特定时刻双方立场的系统概括的文件，有时也称为原则协定和框架协定。

协议书谈判的特点，一般表现为由于文件描述的仍是双方原则意向，即使是一致的意向，也因其缺乏合同要件而无约束力，只能作为一种过渡性的工作文件。当然，比起意向书来，其内容更丰富，表述双方的态度与立场更深入、更具体，表示双方共同点也多了，但本质上两者仍同属一类。

3．合同谈判的解析

合同谈判是指为实现某项交易并使之达成契约的谈判。所谓合同，应具有最基本的要件，包括商品特性、价格和交货期。在谈判中谈判双方如果就标的、质量、数量、费用、期限和付款方式等几个要件达成协议，并以法律形式规定下来，那么就是合同谈判。

合同谈判的特点，一般为由于这种契约与法律的刚性使谈判者在谈判中会直奔目标，对该目标据理力争，为达到目标手法多变。

4．准合同谈判的解析

准合同谈判是指带有先决条件的合同，先决条件是指决定合同要件成立的条件，如许可证落实问题、外汇筹集、待律师审查或者待最终正式文本的打印、正式签字等。

准合同谈判的特点，一般为准合同的格式、内容与合同完全相同，全面反映交易双方的意愿，也具备了合同成立的所有要件；因为双方同意的保留而使交易双方谈判结果停在“准”水平上的原因既有原则问题(如许可证、外汇、法规要求的程序需要完成等)，也有非原则问题(如打字、印刷装订、审检等)；准合同在先决条件丧失时自动失效。

5．索赔谈判的解析

索赔谈判是指在合同义务不能或未能完全履行时，合同当事双方所进行的谈判。在众多的合同履行中，违约或部分违约的事件屡见不鲜，因此，形成了一种特定的商业性谈判，人们把它称为索赔谈判。

无论是数量、质量、期限、支付还是生产、运输、索赔等的谈判，均有以下特点：重合同，重证据，注意时效，注重关系。

(八) 按商务谈判的走向分类

商务谈判按谈判的走向划分，可分为纵向谈判与横向谈判两类。

1．纵向谈判的解析

纵向谈判是指在确定谈判的主要问题之后，逐个讨论每一个问题和条款，讨论一个问题，解决一个问题，一直到谈判结束。例如，一项产品交易谈判，双方确定出价格、质量、运输、保险、索赔等几项内容后，开始就价格进行磋商，只有价格谈妥之后，才依次讨论其他问题。

纵向谈判方式的优点：

第一，程序明确，把复杂问题简单化。

第二，每次只谈一个问题，讨论详尽，解决彻底。

第三，避免多头牵制、议而不决的弊病。

第四，适用于原则式谈判。

纵向谈判方式的缺点：

第一，议程确定过于死板，不利于双方的沟通与交流。

第二，讨论问题时难以相互通融，在某一问题陷入僵局后，不利于其他问题的解决。

第三，不能充分发挥谈判人员的想象力和创造力，不能灵活、变通地处理谈判中的问题。

2．横向谈判的解析

横向谈判是指在确定谈判所涉及的主要问题后，开始逐个讨论优先确定的问题，在某一问题上出现矛盾和分歧时，就把这一问题放在后面，先讨论其他问题，如此周而复始地讨论下去，直到所有问题都谈妥为止。例如，在资金借贷谈判中，谈判内容要涉及金额、利息率、贷款期限、担保、还款以及宽限期等问题，如果双方在贷款期限上不能达成一致意见，就可以把这一问题放在后面，继续讨论担保、还款等问题。在其他问题解决之后，再回过头来讨论这个问题。

横向谈判方式的优点：

第一，议程灵活，方法多样。

第二，多项议题同时讨论，有利于寻找变通的解决办法。

第三，有利于更好地发挥谈判人员的创造力、想象力，更好地运用谈判策略和谈判技巧。

横向谈判方式的缺点：

第一，加剧双方的讨价还价。

第二，容易使谈判人员纠缠在枝节问题上，而忽略了主要问题。

（九）按商务谈判的谈判参与方的国域界限分类

商务谈判按谈判参与方的国域界限划分，可分为国内商务谈判与国际商务谈判两类。

1．国内商务谈判的解析

国内商务谈判是指国内各种经济组织以及个人之间所进行的商务谈判。它包括国内的商品购销谈判、商品运输谈判、仓储保管谈判、联营谈判、经营承包谈判、借款谈判和财产保险谈判等。国内商务谈判的双方都处于相同的文化背景中，这就避免了因文化背景的差异可能对谈判所产生的影响。由于双方的语言相同，观念一致，所以双方谈判的主要问题在于怎样调整双方的不同利益，寻找更多的共同点。这就需要谈判人员充分利用谈判的策略与技巧，更好地发挥谈判人员的积极性和主动性。

2. 国际商务谈判的解析

国际商务谈判是指一国政府以及各种经济组织与外国政府以及各种经济组织之间所进行的商务谈判。国际商务谈判包括国际产品贸易谈判、易货贸易谈判、补偿贸易谈判、各种加工和装配贸易谈判、现汇贸易谈判、技术贸易谈判、合资经营谈判、租赁业务谈判和劳务合作谈判等。

不论从谈判形式，还是从谈判内容来讲，国际商务谈判远比国内商务谈判复杂得多。这是由于谈判人员来自不同的国家，其语言、信仰、生活习惯、价值观念、行为规范、道德标准乃至谈判心理等方面都存在着极大的差别，而这些方面都是影响谈判进行的重要因素。

第三节　商务谈判的模式分析

一、商务谈判模式的定义

模式强调的是形式上的规律，即前人积累的经验的抽象和升华。简单地说，模式就是从不断重复出现的事件中发现和抽象出的规律，是解决问题的经验的总结，是一种认识论意义上的确定思维方式。商务谈判的模式就是在商务谈判的社会实践当中通过积累而得到的经验的抽象和升华。

二、商务谈判模式的三个阶段

商务谈判模式的三个阶段指的是谈判的步骤应该由申明价值(claiming value)、创造价值(creating value)和克服障碍(overcoming barriers to agreement)三个阶段构成。

1. 申明价值

该阶段针对的是谈判的初级阶段，谈判各方彼此先充分沟通，阐述各自的利益需要，申明能够满足对方需要的方法与优势。该阶段的关键步骤是弄清对方的真正需求，因此其主要的技巧就是多向对方提出问题，探询对方的实际需要，与此同时，也要根据情况申明己方的利益所在。

2. 创造价值

该阶段针对的是谈判的中级阶段，谈判各方虽然申明了各自的利益，也了解了对方的实际需要，但是以此达成的协议并不一定能使各方的利益最大化，也就是利益在此往往不能有效地达到平衡。因此，谈判各方需要想方设法去寻求更佳的方案，为谈判双方找到最大的利益，这一步骤就是创造价值。创造价值的阶段，往往在商务谈判中被忽略。

3．克服障碍

该阶段针对的是谈判的攻坚阶段。谈判障碍一般来自两方面：一是谈判各方彼此利益存在冲突，这种障碍需要各方按照公平合理的客观原则协调彼此的利益来解决；二是谈判者自身在决策程序上存在障碍，这种障碍就需要谈判无障碍的一方主动去帮助另一方顺利决策。

三、商务谈判的“NOTRICKS”谈判能力

谈判能力在谈判中起到重要作用，无论是商务谈判还是政务谈判，双方谈判能力的强弱决定了谈判结果的差别。对于谈判中的每一方来说，谈判能力都来源于八方面，用英文的首写字母表示就是“NOTRICKS”，各字母所代表的意义分别为 Need(需求)、Option(选择)、Time(时间)、Relationship(关系)、Investment(投资)、Credibility(可信性)、Knowledge(知识)和 Skill(技能)。

第一，需求(Need)。对于甲、乙谈判双方来说，如果甲方对乙方的需求较多、较强烈，则乙方就拥有相对较强的谈判能力。

第二，选择(Option)。如果可选择的机会越多，就越拥有较强的谈判资本。如果对方认为己方的产品或服务是唯一的或者没有太多选择余地，那么就会增强己方的谈判能力。

第三，时间(Time)。时间是指谈判中的时间限制。如果一方迫于时间的压力，则自然就会增强另一方的谈判能力。

第四，关系(Relationship)。中国人一般喜欢与熟人谈判，如果与对方之间建立了强有力的关系，那么在同众多的竞争对手竞争时就会拥有关系力，这种关系力会增强己方的竞争力。

第五，投资(Investment)。投资是指在谈判过程中投入的时间和精力。为某事投入越多，对达成协议承诺越多，则往往有较少的谈判能力。

第六，可信性(Credibility)。一个人或者产品拥有的可信性越大，那么在谈判时就会增强其谈判能力。

第七，知识(Knowledge)。如果充分了解顾客的问题和需求，并拥有市场、产品等方面的知识，那么这些知识无疑增强了谈判能力。反之，如果顾客对产品拥有更多的知识和经验，顾客就有较强的谈判能力。

第八，技能(Skill)。拥有与谈判相关的技能越多，谈判能力就会越强。当然这

些技能常常是综合性的，包括沟通技能、操作技能、谈判技能、领导技能和冲突处理技能等。

四、商务谈判模式的“PRAM”谈判模式

“PRAM”模式的设计与实施有一个很重要的前提，就是必须树立把谈判看成协商而非竞争的谈判意识，这种意识可以称为“PRAM”谈判模式的灵魂。

“PRAM”模式由制定计划(plan)、建立关系(relationship)、达成协议(agreement)、协议履行和关系维持(maintenance)这四个部分构成。

第一，制定计划。正式谈判前首先要制定谈判计划，用以指导和规范谈判的进程。在制定谈判计划时，首先要明确己方的谈判目标；其次要设法理解和弄清楚对方的谈判目标。在确定了双方的目标之后，应该将两者加以比较，找出在本次谈判中双方利益一致的地方。对于双方利益的共同点，应该在随后的正式谈判中首先提出，并由双方加以确认。

第二，建立关系。在正式谈判之前，要力争建立起与对方的良好关系，要建立一种彼此都希望对方处于良好协商环境之中的关系。

第三，达成协议。在谈判双方建立了充分信任的关系之后，即可进入实质性的谈判阶段。在实质性谈判的过程中，还是要尽可能地核实对方的谈判目标，对彼此意见一致的问题加以确认，而对不一致的问题则通过充分地交换意见，寻求一个有利于双方的利益需求和双方都能接受的解决方案。

第四，协议履行和关系维持。对谈判人员来说，应该清楚地认识到达成满意的协议并不是协商谈判的终极目标，谈判的终极目标应该是使协议的内容能得到圆满的贯彻和执行。

在谈判结束后容易犯的错误：一旦达成了令自己满意的协议就认为万事大吉，以为对方会立刻毫不动摇地履行其义务和责任。这是一种错觉，因为履行职责的不是协议书而是人，协议书虽然很严格，但仍然不能保证得到实施。因此，签订协议书是重要的，但确保有效实施更加重要，必须保持与对方的接触和联络，以维持协议的正常履行。

第四节　商务谈判的作用与评价标准解析

一、商务谈判作用的解析

随着市场经济的深入发展和日趋完善，企业之间的交往越来越频繁，商务谈判在经济和企业活动中将起到越来越重要的作用。

在市场经济条件下，商务谈判是企业生存和发展的重要的经济外交活动。就其作用来看，主要有以下三点：

第一，商务谈判是企业实现经济目标的手段。企业是以获取经济利益为基本目的的，每一桩采购的成本谈判，每一次销售的数量谈判，每一次交易条件的优惠谈判，最终都会影响到企业的经济效益。所以，企业必须高度重视与外在合作的各种谈判工作，从效率和效益的角度提升谈判的经济效益。

第二，商务谈判是企业获取市场信息的重要途径。市场信息是反映市场发展和变化的各种消息、情报和资料等。而商务谈判则是企业获取市场信息的重要途径。谈判前对对方的资信、经营等一般情况的调查，谈判中对对方交易需要的了解和相互磋商，常常可以使谈判各方得到有益的启示，从中获取许多有价值的信息，从而提高企业经营决策的科学性。

第三，商务谈判是企业开拓市场的重要力量。市场是企业生存和发展的关键。随着市场经济的深入发展，商务谈判逐渐成为企业开拓市场、获取企业发展空间的重要举措之一。尤其是加入世界贸易组织，意味着我国国民经济的生产国际化、市场国际化和资本国际化的程度进一步提高，也意味着政府有关部门、大中型企业将频繁地参与国际经济交往活动，面临更多的发展机遇和富于竞争性的挑战。

二、商务谈判的评价标准解析

现实中，虽然不少人常常耳闻或目睹谈判，有的还可能“久经沙场”，但问及何为成功的谈判，答案则各有千秋。有人以在谈判中自己获得利益的多少作为评判标准，获得利益越多则谈判越成功；有人则认为，在谈判中本方气势越高，对方气势越低，则谈判越成功；等等。其实，这些看法与做法都是比较片面的，有时甚至是有害的。

在谈判课堂上，经常讲到的两个小孩分橙子的例子，每个人都想分到最大的一块，经过协商由其中一个小孩来切橙子，另一个小孩则可以优先选择，这样谈判的结果是两个小孩都很满意。因此，一场成功的谈判不能以其中的一方的“感受”来评价，谈判成功的标准也不能单一以获利多少来衡量。

当然，谈判成功与否自然要看既定目标的实现程度，但谈判者为了追求最佳目标把对方逼得无利可图甚至谈判破裂，实际上就是没有实现谈判的预期目标；为了达成协议，一味妥协，没能守住基本目标，同样没有实现谈判目标。成功的谈判应是既达成了协议又尽可能接近本方预先制定的最佳目标，也尽可能接近对方预先制定的最佳目标，即最好的谈判结局是“皆大欢喜”，而且是在利益均沾基础上的“双赢”。

美国谈判学会会长、著名律师杰勒德·尼尔伦伯格认为，谈判不是一场棋赛，不要求决出胜负；也不是一场战争，要将对方消灭或置于死地。恰恰相反，谈判是一项互利的合作事业，主张在谈判中的合作是互利互惠的前提，只有合作才能谈及互利。因此，从谈判是一项互惠的合作事业和在谈判中要实行合作的利己主义观点出发，可把评价一场商务谈判是否成功归纳为如下几点。

1. 目标实现标准

业务人员在参加谈判时总是事先规划一定的谈判目标，即将自己的利益需求目标化。当谈判结束时，要看一下自己规划的谈判目标有没有实现，在多大程度上实现了预期谈判目标，这是人们评价业务洽谈成功与否的首要标准。需要指出的是，不要简单地把谈判目标理解为利益目标，这里所指的谈判目标是具有普遍意义的综合目标。

不同类型的商务谈判，不同的参谈者，其谈判目标均有所不同。比如，举办合资企业的谈判，对于中方来讲，其谈判目标有可能是尽快地并且以最合理的控股权在某地合资生产某种产品；而对于租赁业务洽谈，其谈判目标则有可能是以最低租金租到功能较齐全的某种设备。因此，谈判目标只有在具体的谈判项目中才能具体化。

2. 效益标准

谈判的效益高低也是一个重要的衡量指标。经济领域里的任何经济活动都是讲投入与产出的，商务谈判是经济活动的一部分，也应讲究成本与效益。一般来说，谈判成本由三部分组成：

(1) 谈判中做出的让步之和，其数值等于该次谈判的预期收益与实际收益之差，也即最佳目标同协议中的利益之间的差额。

(2) 所花费的各种资源之和，其数值等于人力、物力、财力和时间等各项成本之和。

(3) 上述资源的机会成本，其价值是以企业在正常生产经营情况下，这部分资源所创造的价值量来衡量的，也可用事实上因这些资源的被占用而超过某些获利机会所造成的损失来计算。

通常情况下，人们认识到的成本往往只是第一部分，即对谈判桌上的得失较为敏感，而对第二种成本则常常比较轻视，对第三种成本则考虑就更少了。要想准确考核谈判的效益，对谈判成本的准确计算就显得格外重要。

所谓谈判效益是指谈判所获收益与所耗费谈判成本之间的对比关系。如果谈判所费成本很低，而收益却较大，则本次谈判是成功的、高效的；反之，如果谈判所费成本较高，收益很少，则本次谈判是低效的，是不经济的，甚至在某种程度上是失败的。

3．人际关系标准

商务谈判是两个组织或企业之间经济往来活动的重要组成部分，它不仅从形式上表现为业务人员之间的关系，而且更深层地代表着两个企业或经济组织之间的关系。因此在评价一场谈判成功与否时，不仅要看谈判各方市场份额的划分、出价的高低、资本及风险的分摊、利润的分配等经济指标，而且还要看谈判后的双方人际关系，即通过本次谈判，双方的关系是得以维持，还是得以促进和加强，抑或是得以破坏。

精明的谈判者往往具有战略眼光，不会过分计较某次谈判的获益多少，而是着眼于长远与未来。在商业贸易中，融洽的关系是企业的一笔可持续发展的资源。因此，互惠合作关系的维护程度也是衡量谈判成功与否的重要标准。

综合以上三条谈判评价标准，一场成功的谈判应该是谈判双方的需求都得到了满足，双方的互惠合作关系得以稳固并进一步发展，双方谈判实际获益都远远大于谈判的成本，谈判是高效益的。这就是通常所讲的“把蛋糕做大”，实现谈判中的“双赢”。

第五节　语言表述与商务谈判的技巧分析

一、有关商务谈判语言表述的解析

在商务活动中，谈判不仅是一种方法和手段，也是一门语言表达艺术。商务谈判以获得经济利益为目的，以价值谈判为核心，是企业实现经济目标的手段和获取市场信息的重要途径，以及开拓市场的重要力量。

语言是人类最重要的交际工具，是人们进行沟通交流的主要表达方式，包括对话语言、独白语言、书面语言和内部语言四个部分，以符号性和系统性、任意性和线条性、不变性和可变性、传承性和交际性为特征，具有社会功能和思维功能两方面。

商务作为一个广泛的概念，指一切与买卖商品服务相关的商业事务。在约定俗成的影响下和从业人员的广泛传播中，商务活动中形成了不同于日常生活语言表述特点的行业用语，简称为商务语言。

语言作为商务谈判的重要组成部分与商务谈判有着十分密切的关系，在商务谈判中起着重要的作用，主要表现在以下三方面：首先，语言表述能够完整地、准确地表述谈判者意图；其次，能够用语言的艺术说服对方；最后，能够控制和把握谈判气氛。

二、有关商务谈判语言的技巧分析

（一）商务谈判语言的特点

商务语言是商业活动的交际媒介，包括商务会谈语言技巧、商务会客语言技巧、商务谈判语言技巧和商务晚会语言常识等，是商业交际信息载体的主要角色，起着传递信息、接收信息、沟通商业主体与客体、实现商业目的的桥梁和工具作用。商务谈判语言的特点，主要表现在以下几方面。

1. 实事求是

在商务谈判过程中，如果想让谈判对方感到自己合作的诚意就需要在谈判中实事求是，不切实际、不够准确的语言会对谈判造成不利影响，因而谈判者不管是在产品的介绍上还是企业财务情况的介绍上都应该在立足事实的基础上，从谈判双方的利益角度出发进行综合考量，语言表达上尊重事实，反映事实，让对方感受到自己的诚意，传递出“买卖不成仁义在”的谈判理念，为商务谈判的成功增加机会。

2. 目的明确

生活工作节奏的加快使得人们在商务谈判中企望缩减谈判的时间，提高谈判工作的效率和质量，特别是商务谈判中涵盖的内容十分广泛，这就需要在谈判过程中抓住主要矛盾，借助语言表述明确此次谈判的目的，避免顾左右而言他的现象发生。在谈判的初始阶段，做好充分的准备，除了需要对涉及本公司的资料进行充分的准备，更加需要对对方公司的经营情况进行了解，明白对方公司的谈判诉求，设定好谈判的禁区，准备多套谈判方案，提前预设出谈判的最差结果并且做好相应的对策。只有这样才能在谈判的过程中做到胸有成竹，最大程度上保证谈判的成功率。

3. 逻辑缜密

商务谈判的过程其实是谈判双方相互利用语言、肢体等多种方式相互说服的过程，因而符合逻辑顺序的语言更具有说服力。因此在商务谈判的过程中，需要谈判者在缜密的逻辑思维下组织语言，避免无逻辑或逻辑混乱的语言表达，以免给谈判对方留下不专业、准备不充分的不好印象。由此可见，逻辑表达的缜密程度决定着谈判能否取得最终的成功，而这也是谈判中说服对方的基础。

（二）商务谈判语言的技巧

商务谈判语言是商务语言的重要组成部分，商务谈判者的经验总结以及行业特点表明，商务谈判中的语言表述是有技巧可循的。除此之外，掌握良好的语言表述技巧也可以在商务谈判中占据优势，进而在谈判过程中赢得主动权。

1．针对要性强

因谈判场合、谈判内容和谈判对手不同，故每一场商务谈判也是不同的，这也就构成了每场谈判的特点和特征，也就表明在商务谈判中语言表述不是一成不变的，需要谈判者在立足己方实际情况的基础上，根据谈判内容、谈判场合以及从谈判对手的肢体、神态、文化、情绪等方面分析谈判对手的心理状态，进而使用有针对性的语言表述，让谈判对方产生信赖感和提高己方的威信感，使得谈判方向朝着对己方有利的方向发展，促进谈判的成功。在谈判中，语言表述的模棱两可、重复，容易让谈判对方产生疑惑和反感，进而让谈判对方产生中止谈判的想法。

2．表达要婉转

虽然谈判双方是在某一方面有着共同的利益诉求才促使了商务谈判活动的开展，但是，谈判双方利益角度的不同势必会让谈判双方在内心中建起一道防火墙，因此如果这个时候在商务语言表述上还是以生硬和强硬的语言为主，不仅不会让谈判对方接受己方的观点和想法，而且会让对方产生在谈判中不受尊重的感觉，从而产生抵触的心理状态，阻碍商务谈判过程的正常进展。在商务谈判的过程中语言表述应婉转，尽量以让对方舒服和习惯的语言形式来表达自己的观点和看法，进而转换为对方的见解，让己方的观点在润物细无声中影响谈判对方的感觉和判断。

3．要灵活应变

商务谈判的过程其实就是武林高手之间进行武力对决的过程，有时根本无法预测对方会出什么样的招式，因此商务谈判是风云变幻、难以预料的。与武林高手武力对决的不同在于，商务谈判是以语言表述作为招式进行比拼，在商务谈判过程中需要提高随机应变的能力，即使在面对意料之外的情况时也能尽快地想出对策，而灵活应变的语言表述一方面可以帮助己方争取思考的时间(例如，当谈判对方需要尽快做出决定，而又很难进行决策时，可以在无意中看一下表说：“不好意思，11 点钟已经和朋友约定好进行一个通话，大概需要五分钟。”)，另一方面也可以在最大程度上帮助己方从困境中挣脱出来，甚至可以将危机转化为机遇(例如，当对方提出一个难以回答的问题时，可以将这个问题以反问的形式丢给对方，实现危机的转移，或者从对方的问题中找出不合理的部分来质问对方等以转移问题的焦点)。

(三) 商务谈判语言的技巧运用

1. 叙述技巧

“入题”和“阐述”构成了商务谈判的叙述。

(1) 在商务谈判的一开始，因为不知道谈判对手的谈判态度和行事风格，如果入题过于直白仓促，有可能一不小心就触及了谈判对方的禁区，不仅会将谈判氛围变得僵硬，还会给对方留下不好的印象，所以在入题的时候语言表述应该以迂回婉转的方式为主，例如介绍谈判的成员，介绍自己公司的经营规模、创作理念等，做到新颖、巧妙、不落俗套。

(2) 在阐述己方的观点时，语言表述应该做到简明扼要、条理清晰、准确易懂。除此之外，还应该在仔细观察对方的谈判语言习惯的基础上，灵活地对语言表述进行重新组合和包装，拉近与对方的距离，例如，谈判对方在语言表述上以朴实无华为主，那么己方在进行语言表述时也应该以简单为主，不必使用过多的辞藻；如果对方的语言表述以华美绚丽为主，那么己方在进行语言表述时也应该多加注意，尽量做到语出不凡、出口成章；如果对方在语言表述时习惯以直接、爽快的风格为主，那么己方在进行语言表达时应该避免迂回曲折。

2. 提问技巧

在商务谈判中通过提问不仅可以了解对方的意愿和想法，掌握更多的信息，也可以通过一问一答来促进双方的沟通，由此可见，提问是一门内容非常丰富的学问。

商务谈判中的正确谈判方式分为探究式提问、婉转式提问、澄清式提问、开放式提问、封闭式提问、强迫选择式提问、引导式提问和协商式提问等。与此同时，在提问的过程中还需要注意以下几方面：

第一，提前准备好提问的问题，避免在进行提问时语无伦次，表述不清。

第二，根据不同的谈判情景，选择合适的提问方式，达到事半功倍的效果。

第三，把握好提问的时机。在谈判的过程中并不是任何时候都适合进行提问的，因此在谈判过程中应该时刻注意对方的阐述和回答，根据对方的回答和当时的谈判内容的走向，可以在对方发言完毕之后提问或者对方发言不利于谈判进行的情况下，在对方发言停顿、间歇时提问，以及自己发言前后提问，避免给对方造成突兀的感觉。

第四，把握好提问的态度。在提问时应该态度真诚，有礼貌，让对方感到尊重。而且应该给对方留有一定的时间来回答问题，避免咄咄逼人，尽量保持问题的完整。当对方在回答问题时应该耐心倾听，即使有不同的意见和看法也应该等对方说完之后，再进行回答。

3. 答复技巧

因谈判的多变性以及问题的不可预见性，谈判者在商务谈判过程中都比较害怕对问题进行答复，一旦答复的内容存在着漏洞或者不合理的地方就可能使得己方在谈判过程中处于劣势地位，对己方的经济利益造成损失。因此，如何答复成为商务谈判的重要环节。

在商务谈判中，并不是所有的问题都适合采取正面实事求是的答复方式，因此在回答问题的时候应该掌握好答复技巧，进行巧妙的回答。

第一，需要掌握好回答的速度。在对方的问题提出后，并不是越快回答就越好，应该在进行充分的思考之后再回答。

第二，回答时要有所保留。

第三，慎重回答尚未理解的问题。

第四，当对方提出一些敏感的问题时，不要确切回答。

第五，要注意不要不问自答，不要滥用“无可奉告”等词汇。

综上所述，在商务谈判中，双方应将合理的语言技巧包括针对性强、表达婉转、灵活应变等运用在叙述、提问和答复当中，从而进行更好的沟通，促进谈判的顺利进行，最终实现双方的共赢。

第二章 商务谈判信息的搜集处理与语言技巧

在商务谈判中，想要取得满意的谈判结果，谈判信息和谈判语言起着至关重要的作用。

本章围绕商务谈判信息的搜集处理与语言技巧，论述商务谈判信息的界定与内容、搜集与处理以及语言和非语言技巧。

第一节 商务谈判信息的界定与内容

一、商务谈判信息的界定

（一）商务谈判信息的定义

信息是开放社会环境中将人们的政治、经济、文化和社会生活紧密联系起来的重要媒介。信息是一种无形的财富和资源，它既可以使不确定的知识确定化，又会为信息接收者带来某些变化，帮助其实现某种利益。

什么是谈判信息？根据一般的理解，谈判信息是指与谈判活动有密切关系的各种情况及其属性的一种客观描述。这里所说的各种情况，既包括谈判主体(当事人)的情况，如当事人的职业、性格、年龄、社会阅历等，又包括影响谈判进程或结果的各种客观环境，如国家政策、法律规定、贸易惯例、风俗习惯和一些偶然因素等，还包括与谈判主题直接相关的情况，如产品的销售状况、技术水平、产品质量等。

概括起来讲，商务谈判信息就是指那些关于参与商务谈判各方当事人的信息和直接或间接影响谈判内容、谈判进程、谈判结果的信息。

（二）商务谈判信息的特点

商务谈判信息具有以下几个明显的特点。

1．谈判信息的系统性

谈判信息是一个体系，它是由若干个具有特定内容和有相关性质的谈判信息所构成的彼此联系、相互作用、相互制约的信息体系。因为任何谈判活动都不可避免地受到多种因素的制约和影响，而且随着客观环境的变化，总是呈现出错综复杂的情况，所以谈判信息不应仅仅是对某一方面、某一片段或者某一时段的客观描述，而应当是多侧面、多层次、多时段的信息。例如，应该全面系统地搜集对方谈判人员的信息，包括年龄、性格、工作经历、个人爱好、社会背景和家庭状况等。

2．谈判信息的时效性

信息价值的大小在很大程度上取决于这些信息能否及时送到接收者手中。市场情况瞬息万变，在激烈的市场竞争中，从事生产经营的各个企业，耳目是否灵通，对市场变化的反应是否敏捷，能否及时抓住各种有利的机会并采取相应的对策，直接关系到企业谈判的成效。为此，信息搜集者应该具有很强的时间观念，一旦发现与本次谈判有关的信息线索，应立即追踪，迅速获取。唯其如此，才能使企业及时地做出或调整各种相应的决策，从而在谈判中立于不败之地。如果信息搜集者反应迟钝，行动缓慢，就会使企业的决策落后于变化的市场形势，势必使己方在谈判中处于被动的地位，使经济利益蒙受重大损失。

3．谈判信息的复杂性

谈判信息的复杂性，首先是指谈判信息通常真伪混杂、良莠难辨。真实性是人们对信息的根本要求之一，信息应该是对客观现象及其运动做出符合实际的描述。然而，在现实生活中，往往很难做到这一点。究其原因，一方面是由于信息搜集者受自身的知识水平、业务经验所限而不能对信息做出正确的判断；另一方面，是因为搜集到的谈判信息本来就是一种错误的引导。在商务谈判中，经常可以看到这样一种情况：一方(或双方)为了达到自己的目的，在谈判之前故意散布假消息，如果另一方对此信以为真，就会在谈判中落入圈套，最终一败涂地。

所以，要求信息工作人员对真伪混杂的信息有很强的辨别能力。其次，谈判信息的复杂性是指它对谈判活动的影响不一样。这是因为，一方面，不同的谈判信息对同一谈判过程所起的作用是不一样的，有的信息直接决定着谈判的成败，而有的信息只是间接地发挥作用；另一方面，同一个谈判信息在不同的谈判人员手中所起的作用也有差别，有的人能够领悟信息的实质并做出恰当的反应，而有的人却难以把握信息的实质，甚至做出错误的判断和决策。

4. 谈判信息的目的性

信息是为人服务的，而人类的一切活动都是有意识、有目的的活动。可以说，谈判信息的搜集就是为了达到某种经济目的，或者满足一定的企业利益而进行的一种有目的的活动。这类信息的获得，可以给企业带来直接的经济利益，而漫无目的的信息既不能给谈判活动带来效益，也不能带来相应的企业利益，反而会给企业和谈判人员造成不必要的时间和资源浪费。由此可见，谈判的目的性直接决定了谈判信息的目的性。

（三）商务谈判信息的分类

科学地区分谈判信息的类型，是研究、分析和运用谈判信息的基础。按照不同的标准，可以将谈判信息分为若干类型。

1. 按产生领域划分

按产生领域的不同，可将谈判信息分为政治性信息、经济性信息、科技性信息和社会性信息。

政治性信息是指由于某一政治活动、政治事件的出现而引起市场和整个谈判环境变化的信息。经济性信息是指与企业生产经营活动密切相关的各种经济领域的信息，如国民经济发展状况，财政、金融、信贷情况等。科技性信息是指与企业产品的研制、设计、生产、包装等有关的信息。社会性信息是指与本次谈判相关的社情信息，如社会结构、社会风俗、时令习尚、社会心理等方面的信息。

2. 按产生时间划分

按产生时间的先后划分，可将谈判信息分为谈判前信息、谈判中信息和谈判后信息。

谈判前信息是指发生于正式谈判之前的所有信息。它有助于企业了解外部环境，进而确定自身目标，制定相应的谈判策略，是谈判信息搜集的主体。谈判中信息是指在谈判过程中发生的有关客观环境、对方意图等方面发生变化的信息。由于事前不可能准确全面地了解所有必要的信息，所以在谈判过程中还需要通过观察、提问等手段来不断地搜集信息。谈判中信息有助于适时修正谈判目标、调整不适宜的谈判策略、控制谈判的主动权。谈判后信息是指企业在谈判结束后，通过各种途径获得的有关本次谈判的情报，如对方的评价、外界的评论等。谈判后信息有助于企业正确地审度、评价本次谈判和做好下一次谈判的准备。

3. 按载体划分

按信息载体划分，可将谈判信息分为语言信息、实物信息和文献信息。

(1) 语言信息主要是指表达信息的口头语言，此外，还包括人体语言，如手势、表情等。

(2) 实物信息是指各种能够透露一定情报内容的物体。由于人类生产的各种产品，无一不是在不同程度上经过了人类的加工改造的，无不凝结着人的劳动和智慧，所以这些产品总是能或多或少地透露出一些有用的知识，使企业在产品的设计原理、原材料配方、工艺特点、产品性能等方面获得有价值的信息。

(3) 文献信息主要是指用一定的符号系统、图形记录以及传播知识的物体，包括图书、音像制品、计算机磁盘等所传递的信息。

(四) 商务谈判信息的作用

谈判信息的搜集是真实而准确地了解双方的意图、确定谈判目标和制定谈判策略的前提。谈判信息的功效主要体现在以下三方面。

1. 商务谈判信息是谈判能否取得成功的重要因素

谈判能否取得成功，不是只取决于某一因素，而是与多种因素有关，诸如双方的实力对比、谈判人员能力的大小、客观环境的变化、策略运用得是否得当等，对谈判成功与否有着极其重要的影响。明显占有谈判信息优势的一方几乎总是在谈判中把握着主动权。

2. 商务谈判信息是确定谈判目标的基础

毫无疑问，任何谈判的产生都是由双方的需要所引起的，因此怎样才能最大限度地满足各自的需要就是双方的共同目标。而若想确定一个明确、具体、可行的目标，则必须以掌握大量的谈判信息为基础。这些信息包括己方的实力、对方的实力、市场形势、竞争者的状况、客观环境等诸多方面。只有综合考虑上述各种因素，制定出来的目标才是符合实际、切实可行的。

3. 商务谈判信息是制定谈判策略的依据

谈判离不开策略，而策略又离不开信息的支持。谈判高手在谈判桌上有时因势利导，有时以逸待劳，有时将计就计，有时声东击西，有时模棱两可……举手投足、言谈举止间无不包含着策略，而种种策略实际上都是以信息的占有为前提的。“用师之本，在知敌情”。谈判人员只有在充分占有信息、了解对手的基础上，才能制定出正确的策略。

二、商务谈判信息的内容

（一）政治法律信息的内容

1. 政治、经济形势的概况

在商务谈判前，谈判人员应当首先对影响本次交易的政治、经济形势，特别是双方国家的政治、经济形势的变动情况进行周密的调查研究。例如，国际经济形势趋势、政府是否出台新的贸易管理措施等。掌握这些方面的信息对于促成双方的交易大有益处，同时也有助于针对一些可能出现的问题采取相应的防范措施。

2. 国际贸易惯例

在国际商务活动中，还经常需要引用国际贸易惯例的有关规定。所谓国际贸易惯例，实际上就是在国际经济贸易业务的长期实践中逐渐形成的一些通用的习惯做法或先例。在国际商务谈判中，采用国际惯例主要有两方面的作用：

(1) 把国际商务活动中的一些做法加以统一，以避免或减少各方的纠纷，即使发生了纠纷也易于按照一些通用的习惯做法加以处理；

(2) 可以补充法律规定之不足，确切地说，就是有些事项在有关法律中未做明确规定，这时谈判双方就可以依据国际惯例的相关案例来处理。

3. 了解双方国家或地区谈判内容的有关法律规定

双方国家或地区对谈判标的、税收、进口配额、许可证管理、最低限价等方面的法律、法规，都会对谈判所形成的协议和合同产生法律约束力。因此在商务谈判前，谈判人员应尽量多掌握一些与本次交易有关的法律、法规的具体内容及其变动情况的信息，以供谈判时使用。

（二）市场信息的内容

1. 有关消费需求的情况

有关消费需求的情况有以下几点：

(1) 消费的总需求量、总供给量，以及二者发展变化的总趋势；

(2) 消费者对本企业(或对方企业)现有的和潜在的需求，消费者的构成和层次的地区分布，消费者的收入水平、购买能力、购买时尚和消费频度等；

(3) 影响消费者购买行为实现的社会因素、心理因素、家庭因素和文化因素。

2. 有关市场的情况

关于市场状况有以下三点：

(1) 国家对该行业的政策倾向；

(2) 该市场目前所处的状态和发展趋势；

(3) 开拓潜在市场的可能性和存在的问题。

3. 有关产品的情况

首先，产品状况包括产品的结构、规格、功能、质量、品种、数量、包装、运输、服务、信誉以及同类产品的发展与供求状况及其市场占有率。其次，生产同类产品或代用品的企业构成、产品竞争状况、经营管理水平与手段、企业实力和消费者信用度等情况。

4. 有关价格的情况

关于价格的状况有以下三点：

(1) 企业定价的方法与程序；

(2) 影响价格变化的因素，如竞争企业采用的价格策略、替代产品的生产价格与发展趋势、国际市场同类产品的价格及其走势情况等；

(3) 国家和地区价格的差异，如产品地区差价、质量差价、服务差价、季节差价、时间差价和政策差价等。

(三) 科技信息的内容

这里所说的科技信息，主要是指与谈判内容有关的新技术、新工艺和新设计的信息。卖方搜集科技信息的目的是为了能够更科学、更合理地制定相应的价格和其他的交易条件。而买方搜集科技信息除了上述目的外，往往还关心两个问题：

(1) 标的物的先进性，就是所购进的标的物应具有技术上的领先性，以便能够更好地发展自己或超越竞争者；

(2) 标的物的适用性，就是该标的物所含的技术是否能够与企业自身的条件和社会经济发展水平相吻合，以便能够最大限度地创造经济效益。

(四) 谈判对方信息的内容

1. 谈判对方的营运情况

即使对方是一个注册资本很大的公司，如果其经营管理不善，也会导致负债累累甚至破产。因此，为了避免己方蒙受不必要的损失，在谈判之前必须就对方企业的营运状况进行调查。具体的调查内容包括对方企业的产品畅销程度、消费者反映、市场占有率、开发新产品的能力、经营管理的科学性、领导者的业务水平、企业内部的凝聚力等。

2．谈判对方的实力情况

对方的实力可以从以下几个方面来考察：对方企业的注册资金数额，固定资金和流动资金的规模，自有资金和借贷资金的比例；企业的年产值、利润情况，该企业在同行业中所处的地位；企业的人数、员工素质以及有关部门对该企业的态度；企业在社会上的知名度和影响力等。

3．谈判对方的谈判风格

谈判作风是指谈判者在多次谈判中所表现出来的一贯风格。谈判作风因人而异、千差万别，总的来说，可以分为以下四种类型：

(1)“合作型”的谈判作风。“合作型”谈判作风的最大特点是合作意识强，能给双方带来皆大欢喜的结果。这种谈判者比较现实、谨慎，当双方因重大利益发生分歧或争议时，能够理智地提出令双方都可以接受的新的倡议。

(2)“不合作型”谈判作风。抱持此作风的谈判者往往以自我为中心，热衷于运用各种谈判技巧来达到己方的目的。

(3)“阴谋型”谈判作风。有此谈判作风的人往往不采用正面对抗来实现自己的目的，而是使用阴谋诡计欺骗对方。在谈判过程中，总是通过心理战术、说谎等手段向对方施加各种有形的和无形的压力，使对方不知所措或误入圈套，从而获得一些靠正常渠道和手段很难得到的东西。

(4)“强硬型”谈判作风。作风为“强硬型”的谈判者，在谈判中通常情绪容易冲动，滥施压力，几乎不留丝毫让步的余地，更不愿意拖延谈判时间。强硬型谈判者并不渴求在本局谈判中达成协议，而是更愿意在不同的对手之间择优而定。

4．谈判对方的谈判性格

谈判性格是指对方谈判人员在谈判中表现出来的比较稳定的个性特征。概括起来，谈判对方的性格可以分为以下三种：

(1) 忠实的执行者。这类人做事喜欢照章办事，做任何事之前都要寻找先例，对于变革则显得无动于衷，需要不断得到上级的肯定与承认，对新事物的适应能力相对较差。总是在谈判中执着于细节问题，总想穷其心智找出最好的解决办法。

(2) 善于说服人者。这类人办事的方法相对隐蔽，手段精巧(虽然内心的意志力特别强，但外表却总是温文尔雅)，充满吸引人的魅力。在谈判中，表现得十分随和，能迎合对手的话题与兴趣而娓娓而谈，在不知不觉中把别人说服。注重追求良好的人际关系，追求在公众中树立良好形象。这类人的另一大特点是超脱细节，总是花费大量的时间规划总体蓝图和制定战略，力图摆脱工作细节，而一旦陷入琐事就会显得极不适应。

(3) 具有贪权心态者。这类人敢于决策、敢于冒风险，具有极强的攻关能力，而且求胜心切。总是狂热地追求成绩，不管他人感受，为了争取到称心如意的结果而不惜代价，甚至不择手段。同这类人谈判十分艰难，不会给对方留下任何余地，很少考虑对方的需求，而是以自我为中心，我行我素。

第二节　商务谈判信息的搜集与处理

一、信息的搜集

(一) 搜集的渠道

根据信息来源的不同，搜集信息的渠道大致可分为以下七种。

1．统计资料渠道

统计资料主要包括各国、各地区、各部门、各行业和各个企业的各类统计月刊、年鉴和统计报表。搜集和研究分析这些资料可以全面了解有关事情的过去和现在，并对其发展趋势做出科学的预测。同时，通过对这些资料的整理，还可以进一步辨别其真伪。所以，它通常比公布的单项数据更可靠。

2．各类专门机构渠道

社会上有很多经济和非经济机构，它们掌握着大量企业所需的宏观、微观信息。这些机构主要包括银行、经济研究所(中心)、商品检验局、专利局、保险公司、海关、行业主管部门以及各类信息中心等。如果是国际商务谈判，谈判人员还可以到驻外使馆商务处去查找资料或者进行咨询。

3．会议渠道

会议往往是谈判人员搜集信息的便捷渠道。企业谈判人员可以从各类商品交易会、展览会、订货会等各种可以进行直接商务谈判的会议和商务报告会、讨论会，以及一些行政性会议中，有效地调查获取商品的生产、流通、消费信息，以及市场趋势、竞争现状和发展前景等方面的资料，还可以捕捉到一些有可能影响谈判结果的其他方面的信息。

4．活字媒介渠道

活字媒介是指报纸、杂志、内部刊物和专业书籍等信息载体。活字媒介所透露的消息、图片和数字等，是信息的重要来源。活字媒介是信息搜集的主要渠道，同时也是最大的渠道。

5．电波媒介渠道

这是从广播电台、电视台播放的有关新闻、报道、广告中搜集信息。通过电波媒介搜集信息往往比活字媒介更快捷。

6．函电、名片、广告渠道

函电不但是商务谈判的主要形式之一，还是信息搜集的一个重要工具，人们可以通过它来获取销售信息、生产信息、价格信息等。名片也是搜集信息的一条渠道。利用名片媒介可以有效地扩大商务，结交朋友，获取资料。另外，在广告中，一般都会载明商品的产地、厂家、电话、传真以及产品的性能和价格等，有些广告册还登有商品的照片和简单的产品说明书，通过这一渠道往往能获得一些意想不到的信息。

7．公共场所渠道

车站、码头、街道、餐馆、商店、集会场地、娱乐场所等也是搜集信息的良好渠道。这些公共场所的特点是人多，人们来自四面八方，而且从事着不同的职业，因此信息来源特别广泛，与之交谈无疑是获取信息的好机会，且往往取得事半功倍的效果。

（二）搜集的方法

处于激烈竞争中的商务谈判各方，往往都想通过各种手段去搜集尽可能多的有用信息，从而做到“知己知彼”，取得预期的利益。谈判信息的搜集工作带有高度的技巧和艺术性，因此不同的人搜集信息的方法也有所不同。下面介绍一些基本的、常用的方法。

1．常规的搜集方法

常规的搜集信息方法有五种。

(1) 对于公开传播信息的搜集。在当代，绝大多数的市场信息是通过出版发行系统、广播影视系统以及通信系统公开传播的，因而从图书、报纸、广播、电影、电视等媒介，以及其他企业寄送的资料中获得所需信息，是企业搜集信息的主要方法。具体来说，主要采用以下两种方法：

1) 阅读法。也就是通过阅读有关报纸、杂志、简报和文献资料来获得需要的信息。

2) 视听法。也就是通过收听广播、收看电视，从中分析出有用的信息。广播、电视中的声像转瞬即逝，通过这种方法搜集资料难度相对较大。如果要用这个方法，谈判人员最好是从报纸刊登的节目栏入手，找出可以成为资料源的节目，提前准备好录音或者录像设备，在预定的时间内将其记录下来，然后再将其中重要的资料整理归档。

此外，有时无意的视听也会带来有价值的信息，因此在采用这种方法时，谈判人员应当有意识地准备好笔和记录本，随时记录。

(2) 搜集向有关单位索取的信息。有些资料不是刊载于大众化的出版物上，需要通过派人磋商或者发函联系等方式才能获得，如国内外企业的产品说明书、产品样本、产品介绍、宣传品、企业内部刊物和实物样品等。通过这种方法索取信息可以是无偿的，也可以是有偿的。有些企业为了宣传本企业的形象、扩大企业的影响、推销自己的产品，通常愿意免费赠送有关资料。

(3) 委托搜集的信息。委托搜集是企业委托有办法得到某些信息的情报网络、咨询机构、企事业单位或个人来帮助搜集所需的信息。美国在了解日本企业内部有无独特的技术诀窍时，就曾经采取多种形式的委托搜集方法。

(4) 搜集交换来的信息。信息交换是企业获取情报的重要方法，它不仅能使企业得到许多非常难得的情报资料，而且能比通过各种公开出版物搜集信息节省更多的时间。例如，在国际信息交换方面，企业通过这种方式有可能提前半年或者一年得到有关的最新资料。另外，由于信息交换一般都是对口交换，因此企业所得的信息大部分是及时的、适用的。

(5) 搜集实地的信息。许多信息是不可能通过间接的手段得到的，如果希望得到这些信息，就需要企业有关人员深入实地进行直接的调查搜集。具体方法有以下几种：

1) 面谈法。面谈法是指通过与有关当事人直接交谈来获取信息。面谈法分为两种：①预定面谈(也称已组织好的面谈)，即经过事先安排，确定日期、时间、内容、方式和参加人数的面谈。预定面谈的优点是事先做了准备，届时可以有条不紊地取得尽可能多的相关资料，因而通常是面谈搜集法的主要途径。②遇事面谈(也称未组织好的面谈)，是指调研人员无法按照一套列明提纲的方案来提问题，而是启发对方自由谈论，逐步把话题引向新的、富有成效的方面。运用这种面谈方法时，提问越简单扼要越好，而且在谈话过程中要尽量使对方围绕主题展开。

2) 问卷法。问卷法是指根据需要设计出一套要求被调查者回答问题的表格，通过被调查人员的答案来搜集有关信息。问卷法使用起来费用较低，而且调查面比较广，可以在较短的时间内获取大量的资料。

3) 观察法。观察法是指企业有关人员根据一定的观察目的，运用自己的感官直接了解谈判对手，从而取得第一手感性材料的方法。

4) 访问法。访问法是指企业有关人员直接参观、访问对方公司，通过提问、观察等方法来获得有关信息。通过实地的参观、访问，往往能够掌握大量的有关对手企业生产经营的情况，甚至有可能是一些机密情报。

5) 购买实物法。购买实物法是指购买对方的产品进行研究。也就是说，将对方的产品拆开后对其结构进行分析、研究，进而推断出其产品的原材料构成、工艺先进程度、成本价格等一系列极具价值的情报。

2．在对方的业务单位中获取信息的方法

(1) 走访与对方打过交道的人。一个善于谈判的人，总是能够从别人的经验中吸取教训，从侧面了解谈判对方。通过访问与谈判对方打过交道的人，询问具体谈判过程，就可以掌握对方的谈判作风、个性、价值取向、待人接物的风格等一系列的信息。同时，也有助于借鉴成功的经验，或者吸取失败的教训，提高谈判成功率。

(2) 通过对方的供货商获取信息。作为一家零售商，它的供货商可能是生产厂家或批发企业；作为一家制造企业，它的供货商就是原材料、半成品的生产厂家或者其他批发商。一般来说，这些供货商手中的销货、订货凭证往往能够很准确地反映对方企业的生产经营情况，只要巧妙地加以利用、科学地加以分析，其信息的价值还是相当大的。例如，得知对手在近期内大规模地增加其原材料的订货量，这时就可以推断出对方企业正处于产销两旺的好形势；反之，则可能是陷入了销售低谷。又如，谈判对手如果对原材料规格、型号等提出了一些新的要求，就可能意味着正在准备研制新产品，打入新的市场。再如，根据对方的订货量和成品的产量，也可以大致判断出该企业的生产水平、设备利用率等一些情况。

(3) 出席对方为客户举办的活动。在现代市场上，经常有很多公司愿意向客户提供免费的培训、设计等服务，其目的就是想通过这些活动使客户在其产品设计或者制造的时候采用该公司的产品。例如，对客户来说，如果接受了某种计算机的培训，势必就会加深对这种计算机的认识，也就在一定程度上增加了采用它的可能性。如果能参加这部分客户的活动，并且利用对手的某些服务，就可以探听到它的内部情况。

3．在谈判对方的职员中获取信息的方法

(1) 通过虚假招聘对方人员获取信息。西方的公司经常采用这一方法获取对手企业的信息。具体做法是，公司根据自己所需的信息在一些公众媒体上刊登招聘广告，并且说明急需哪些方面的专业人员，而且承诺为人才提供较高的报酬和较好的工作环境。通常情况下，应聘人员总是趋之若鹜，其中不乏现在或者未来

对方公司中的人员。招聘公司派出面试这些应聘人员的有关专家，往往会利用应聘者急于想得到某一职位的迫切心情，或者急于显示自己的能力、水平和经验的心理，诱使泄露关于原来公司生产经营等方面有价值的机密。而招聘公司一旦信息搜集完毕，这些应聘人员几乎无一例外地都会收到一纸通知："对不起，因招录人员已满，这次暂不录用您。请继续保持联系。"这一过程，通常称为"假招聘"，因为它的真实目的并不是要招收新员工，而仅仅是想从这些人员口中得到公司想要的信息而已。

(2) 在对方内部受排挤的职员中套取信息。这种受排挤的人可以分为两种情况：一种是确实在单位里长期受到同事的排挤、领导的压制，空有一身本事而无法施展的人；另一种是已经在单位中占有一定职位、拥有一定权力的人，但所拥有的职位和权力与本人心目中的设计还相距甚远，因此总认为自己的所得要远远少于自己的付出，从而产生一种受排挤的感觉。应该说，这两种人都有一个共同点，那就是对单位的不满是显而易见的。这种心理郁闷、满腹牢骚的人总是想找一个对象倾诉，而信息搜集人员则可以很好地利用这一心理，通过与这些人交谈，表示关心、同情，便能够获得非常有用的情报。

(3) 与对方的顾问和助理交往来搜集信息。在谈判时，顾问和助手通常起着相当重要的作用，其任务是为主谈人员搜集整理资料，制定方案并参与决策。然而由于种种原因，顾问和助手往往在正式谈判过程中的位置不能过分突出，有时甚至根本不露面。所以，一方面，在顾问和助手的手中掌握着大量的核心机密，对谈判起着至关重要的作用；而另一方面，顾问和助手的名字和作用又鲜为人所知。这种矛盾的长期积累，很可能造成顾问和助手心理上的不平衡，而这种不平衡对己方而言就是一个好机会。己方人员通过与这些人员的交往，利用"求赏"欲望、"显示"欲望和"觅知音"欲望等一点点引发其谈话的兴趣，一步步地套取对方的珍贵信息。这种交往的最佳场所一般是在会议或者社交场合，很多重要信息就是在这些场合由于对方人员不慎而泄露的。

(4) 帮助对方雇员工作而获得信息。对方公司的雇员也是很重要的信息源，雇员通常能够提供关于对方的活动、发展动态、市场计划等许多正式的、非正式的信息。然而，伺机获取信息的好办法，就是帮助对方雇员工作，如帮助对方心情烦躁的雇员复印或整理资料、收发文件、打电报和接电话等。

二、信息的处理

企业通过各种手段搜集到的大量信息，一般都是真假并存、主次不分的。谈判人员必须对这些庞杂的信息按照一定的原则与方法进行处理，才能使其在谈判中发挥出最大的效用。信息处理通常分为识别和分析两个阶段。

（一）商务谈判信息的识别

谈判信息的识别是指企业信息搜集者对得到的资料进行初步分析以判断其价值、辨别其真伪的过程。应该说，信息识别是信息处理的基础。

谈判信息的识别过程琐细而复杂，要求有关人员必须具有广博的知识、丰富的社会经验以及敏捷的思维和辨别能力。不仅如此，在进行信息辨识的时候，还必须注意以下几个问题：

(1) 必须把谈判信息和谈判的环境因素作为一个整体来考虑。谈判不可避免地要受到某些特定的政治、经济、文化等社会环境因素的影响。如果谈判是在国与国之间进行，那么它还会受到两个国家，甚至更多国家的不同社会背景的影响。因此，无论是信息的发出者，还是接受者，如果想让对方真正了解自己的意图，就不能仅仅考虑本方的状况，全然不顾对方的实际情况以及社会背景，那样肯定会在信息的理解上出现偏差，从而影响谈判的正常进行。

(2) 对获得的信息尽可能通过多种渠道加以验证。因为在信息的搜集和传递过程中，出现一定程度的失真是在所难免的。产生这种情况的原因是多方面的，信息的发出者故意散布虚假情报、中间环节过多、搜集者本人的主观倾向等都有可能导致信息失真。所以，只有尽可能地从彼此互不相关的渠道对同一信息的真实性、可靠性加以验证之后，该信息才能作为谈判决策的依据。如果偏听偏信，又不去验证其真伪，那么就很可能误入歧途，造成严重的后果。

(3) 当对方直接、明确地将意图表达出来时，己方应该注意从合适的角度去理解和分析。由于谈判人员各自的立场和看问题的角度不同，对同一事物的认识自然也存在着一定的差异。此外，在谈判中由于交流方式的影响，各方对谈判信息的理解也会存在一些不同。这种差异和不同若得不到解决，就会导致谈判陷入僵局甚至破裂。

(4) 对有关场合和特定背景环境中的暗示行为要十分敏感。所谓暗示，是指谈判者在有关的、恰当的场合，用含蓄、间接的方法向对方表示自己的意图、要求、条件、立场等。暗示可以通过语言的形式进行，也可以通过其他方式进行。在谈判中，有些事情是不宜在公开场合下讲出来的；若公开讲出来，会使双方尴尬、彼此不快，这时就需要暗示。暗示要求其发出者要小心谨慎、敏锐灵活，接收者要仔细聆听、深入分析。

（二）商务谈判信息的解析

信息搜集和整理的目的是为了让信息在谈判中起到应有的作用。而要让信息发挥效用，前提就是必须对信息进行分析。对谈判信息进行分析，实际上就是对信息的内容进行“深度加工”的过程，这是谈判信息处理的高级阶段。在这一过程中，企业根据谈判的实际需要，运用一些专门的方法，对经过初步处理的信息进行由此及彼、由表及里的比较、估量和计算，使之能够准确地揭示出这些信息所反映的具体事物的实质，得出具有方向性和预见性的研究成果，从而最大限度地为本次谈判服务。

企业若想运用信息确定谈判的主要问题并据此探讨解决问题的可能性，就必须采取科学的步骤，有目的、有重点地对信息进行分析研究。

这个过程具体可分为三个阶段。

1．感知问题

感知问题就是感知问题所表现出来的种种现象，尽可能多地掌握与这些现象相关的信息，并从中找到主要的影响因素。同时，还要对照目标，印证信息的真实可靠性，以确保主要问题的认定和解决问题的方向正确无误。

2．分析主要问题

感知问题以后要对主要问题进行剖析，还要找到构成主要问题的一系列制约条件，进而明确各种原始影响因素及其作用。为此，企业必须结合各种情况，有理有据地进行系统分析，由浅入深，由表及里，层层深入，逐步形成对主要问题的解决思路和方案。

3．做出总结，提出建议

企业通过对所掌握的信息进行定性与定量相结合的分析之后，再将研究所获得的各种思路加以汇总，进而根据企业谈判的需要，整理成对解决谈判问题具有价值的资料，然后为谈判提出合理的建议。

第三节　商务谈判的语言和非语言技巧分析

商务谈判是人们在各类经济业务中，为使双方或多方的意见趋于一致而进行的洽谈磋商。这是一个较为复杂的过程，既要确定各自的权利与利益，又要考虑他方的惠利方面，一个优秀的商务谈判人员不仅要熟练地运用语言技巧，即灵活运用语言的表达、手段等以实现预期的谈判目标，而且还要成功地运用非语言的技巧，如心理技巧、礼仪技巧和谈判技巧来达成满意的协议。

一、语言技巧

语言，是人类沟通思想、交流感情的工具。商务谈判的过程，其实就是谈判各方运用各种语言进行洽谈、沟通的过程。

在商务谈判中，同样一个问题，恰当地运用语言技巧可以使双方听来饶有兴趣，而且乐于合作；否则可能让对方觉得是陈词滥调，产生反感情绪，甚至导致谈判破裂。商务谈判中语言技巧要做到客观性强，针对性强，注意表达方式的委婉和幽默以及语言表达的辩论性。

二、非语言技巧

(一) 心理技巧

谈判的成功与否还要看在谈判的过程能否如实地把握好客户心理，尤其是客户的情绪。如果谈判对方表示出非常生气，那么一定要密切注意对方的情绪变动。谈判人员首先应弄清楚对方生气的原因。但是在对方情绪不稳的情况下，不宜急于做出解释和澄清。在对方情绪还在发泄时，并不是解决问题的最好时机。这时，最好的办法就是静静地倾听对方，千万不要还击。为了能够让对方的情绪稳定下来，应引导对方将理由讲清楚，让对方继续发泄到最后一刻。

在交涉、谈判的过程中，不管是怎样的谈判对方，要让其不说“不”，或从说“不”到说“是”，有 5 个心理技巧：

(1) 控制自身的情绪和态度，不为对方偏激的情绪所影响；

(2) 让谈判对方的情绪保持冷静，消除双方之间的不信任；

(3) 多与对方交涉，寻找共同点；

(4) 在交涉、谈判过程中，让对方保住面子；

(5) 让谈判对方理解“相互协调，相互合作”。

(二) 礼仪技巧

商务谈判礼仪，是在长期的商务谈判交往过程中，满足迎合文化的适应性而形成的行为或活动的规范。得体的礼仪也是促成谈判成功的重要因素。商务礼仪主要包括服饰礼仪、见面礼仪以及馈赠礼品礼仪。

1．服饰礼仪

服饰礼仪是国际商务谈判中最基本的礼仪。得体的服饰，不仅是个人仪表美、素质高的表现，而且是对他人的尊重。商界历来最重视服饰规范，服饰是商人成功的关键。对国际商务谈判这种正规场合更是要求穿得传统、庄重、高雅。

2．见面礼仪

见面是商务谈判中的一项重要活动。见面礼仪主要包括介绍礼仪和握手礼仪。

介绍一般是双方主谈各自介绍自己小组的成员。顺序是女士优先，职位高的优先。握手也是国际上通用的礼节。握手貌似简单，但这个小小的动作却关系着个人及公司的形象，影响到谈判的成功。握手时一定要把握好握手的力度、时间、顺序以及握手时伴随的动作。

3．馈赠礼品礼仪

馈赠礼品既是国际商务谈判中的一种润滑剂，又是一种文化地雷阵，因为它一方面能加深感情，促进与客户的关系，另一方面却又由于文化差异而易触犯禁忌，谈判人员应多了解各国文化差异，避免馈赠礼品时触犯他国的禁忌。总之，作为成功的商务谈判人员，无论面对哪种文化，都要了解对方的文化习俗，熟悉文化差异，以免失礼，冒犯对方，或产生不愉快，导致商务谈判失败。

(三) 战术技巧

谈判的直接目的是为了达成各方满意的协议。在谈判中，双方既有为争取自身利益最大化的对抗关系，又存在着重要的合作关系，在谈判中，要恰当运用谈判策略，才能避免利益间的冲突，从而避免使谈判陷入僵局。

1．商务谈判的迂回战术

谈判刚刚开始时，双方的谈判人员都有一种紧张的心理，尤其是一些重大谈判项目或是谈判新手，都会感到心理负担很重。在这种情况下往往会出现冷场，或突然入题使双方不知所措，使谈判陷入僵局。为了避免这种情况的发生，在谈判刚开始的时候可以采取如下技巧：

(1) 迂回入题的方法，如从介绍自己企业情况入题，也可以从谈判本行业现状甚至于谈论天气、新闻等方面入题；

(2) 先谈细节，后谈原则性问题，如当谈到重大原则问题时心情都比较紧张时，可以先谈一些具体细节问题，使双方比较平和地进入谈判过程，为谈判的后期工作创造较好的气氛；

(3) 先谈一般原则，后谈细节问题，如一些大型的经贸谈判，由于需要洽谈的问题很多，这样往往需要双方高级人员先谈判原则问题，然后基层人员就其细节问题进行谈判。

2．商务谈判要留有余地

在谈判桌上谈判人员回答的每一句话都有重要意义，对别人来说都认为是一种承诺，对谈判都起着至关重要的作用。

(1) 回答问题之前，要给自己留有思考的时间；

(2) 把握答复提问的目的和动机，针对提问者的真实心理答复；
(3) 不要彻底地回答对方的提问；
(4) 对于不知道的问题不要回答；
(5) 有些问题可以通过答非所问、以问代答来给自己解围。

3. 商务谈判的让步原则

在商务谈判中，为了达成协议，让步是必要的。但是，让步不是轻率的行动，必须慎重处理。成功的让步策略可以起到以局部小利益的牺牲来换取整体利益的作用，甚至在有些时候可以达到“四两拨千斤”的效果。如果迫不得已，己方再不做出让步就有可能使谈判夭折的话，也必须把握住“此失彼补”这一原则，即这一方面虽然己方给了对方优惠，但在另一方面(或其他地方)必须加倍地，至少均等地获取回报。

当然，在谈判时，如果发觉此问题己方若是让步可以换取彼处更大的好处时，也应毫不犹豫地给其让步，以保持全盘的优势。局部问题上可首先做出让步，以换取对方在重大问题上的让步。

谈判行为是一项很复杂的人类交际行为，它伴随着谈判者的言语、行为和心理等多方面的、多维度的互动。因此，谈判人员必须要了解并掌握好商务谈判中语言和非语言的技巧，使谈判双方都能实现互赢。

第三章　商务谈判的基本素质要求

良好的商务谈判基本素质是商务谈判成功的重要保障，为此，本章围绕商务谈判的基本素质要求，论述商务谈判的素质与能力，分析谈判人员的思想理念与业务能力以及谈判者的情绪与心理调节能力。

第一节　商务谈判的素质与能力分析

一、商务谈判人员的素质

所谓“素质”，心理学上是指人的神经系统和感觉器官上的先天的特点。素质是人从事一切活动的基本条件。商务谈判人员的素质主要是由业务素质、心理素质和身体素质等几个方面构成的。商务谈判人员的素质既有先天与生俱来的，也有后天形成的，即通过自身的努力而获得的。但应当指出的是，商务谈判工作虽然要求谈判人员具有某些先天的禀赋和资质，但更重要的是在后天的学习和锻炼中积累经验，培养能力。

（一）商务谈判的业务素质

商务谈判不是一件轻松的工作，而是一项极富创造性与挑战性的工作，因而商务谈判人员除应具备过硬的思想素质外，也要求其具有较高的业务素质，正因为此，国外把商务谈判人员称为“商务谈判工程师”。尽管高的业务素质并不一定意味着有好的商务谈判绩效，但具有较高业务素质的人获得商务谈判成功的可能性要更大。因此，高超的业务素质是良好商务谈判绩效的充分条件。

商务谈判人员的业务素质主要表现在对以下几方面知识的掌握上。

1．熟悉企业方面的情况

企业方面的情况主要包括企业创建的时期，发展的历程，经营指导思想，有关的规章制度、惯例，企业文化，谈判的战略与策略等。

作为企业的一名商务谈判人员，有必要掌握企业创建与发展方面的背景材料，这样可以在与客户交谈时显得知识渊博，介绍自己的公司也得心应手，便于和外界特别是和老客户的交往。另外，商务谈判人员的头脑中时刻存储着企业发展壮大的背景知识，也有利于培养商务谈判人员自身对企业的一种自豪感与归属感，有利于在同客户接触时集中精力，尽心尽力地做好商务谈判工作，客户也乐意与熟悉本企业发展史的商务谈判人员做生意。

2．了解产品方面的知识

商务谈判人员应熟悉自己企业产品的生产流程与方法。当客户因价格或发货时间提出难题时，就能用所熟悉的产品生产流程和近期的企业概况向客户解释原因。

3．了解市场营销方面的知识

商务谈判人员应接受一定程度的教育，掌握必要的理论知识与实务技能，包括市场营销理论、企业管理学、商务谈判学、经济法、社交礼仪、管理沟通学等学科方面的知识，熟悉或了解有关市场方面的政策、法令和法规。

4．了解客户方面的知识

商务谈判人员还要懂得客户心理与购买行为方面的知识，因此应掌握商业心理学、公共关系学、人际关系学、行为科学和社会学等学科方面的内容，以便掌握客户心理与购买行为特征，并据此运用合适的商务谈判手段。

5．了解竞争方面的知识

企业要成功地实施商务谈判，还必须掌握同行业竞争状况的信息，包括整个行业的产品供求状况，本企业处于什么样的竞争地位，竞争品有哪些优点是企业没有的，企业产品有哪些优点是竞争品所无法比拟的，以及竞争品的价格、竞争品的商务谈判策略等。

（二）商务谈判的心理素质

谈判人员的基本任务就是说服谈判对手接受己方的谈判条件。在谈判过程中，谈判双方不可避免地存在着矛盾和冲突，因争论甚至是争吵导致破裂、无功而返的现象可能时常出现，谈判人员如果没有良好的心理素质，往往难以忍受挫折，无法胜任艰巨的谈判工作。所以，成功的商务谈判人员都比较注重培养良好的个人心理素质。

人是有感情的动物，做任何事情都带有一定的感情色彩。也就是说，行动和感情有着不可分割的关系。感情有很多种，但所有的根源都来自心灵。心对人而言是很重要的，人的行动全凭心意。因此，锻炼心志是提高心理素质的核心。所以，在商务谈判中要做到以下几点：

第一，要热爱商务谈判工作，把它看作一项富有挑战的事业去做，这样内心就会充满自豪。

第二，要不断地给自己鼓气，给自己加油。

第三，要以平常的心对待挫折，要以不幸为师。商务谈判就是在和拒绝、否定、挫折、困难打交道，没有拒绝也就没有谈判，这是从失败走向成功的唯一道路。

第四，商务谈判人员要努力凝视自我的心灵，并且多去理解他人心中的感受，凡事站在对方的角度去思考问题。有了对客户的真心和爱，那么商务谈判人员的一言一行，微笑、眼神都会把这种爱传递给客户，客户的心房就会向商务谈判人员敞开。

（三）商务谈判的身体素质

商务谈判人员应精力充沛、行动灵活、头脑清醒，能轻松地进行日常工作。因为商务谈判工作比较辛苦，谈判人员为拜访客户要东奔西走，谈判任务艰巨，商务应酬往往占用很多休息时间，因此谈判人员往往得不到很好的休息。商务谈判工作兼有体力劳动和脑力劳动之苦，没有健康的身体，谈判人员是不能完成工作的。

谈判人员的素质是多方面的，除以上几方面外，还包括良好的气质、广泛的兴趣、端庄的仪表、完美的个性、真诚和丰富的情感等。在具体的谈判工作实践中，谈判人员应努力加强自身修养，培养和提高个人素质，力争做一位合格的商务谈判人员。

二、商务谈判的能力

具备了良好的素质只是具备了当一名好的商务谈判人员的基本条件，要想成为一名出类拔萃的商务谈判人员，还应具备一定的特殊能力。

（一）要具有出色的语言表达能力

商务谈判的沟通工作总是以一定的语言开始的，不管是形体语言、口头语言还是书面语言，都要求商务谈判人员能够通过语言准确地表达自己所主张的交易条件，同时也能使商务谈判对手清楚地理解和明白商务谈判标的物的方方面面。如果商务谈判人员语言能力欠佳，既会影响谈判的效率，又可能因沟通障碍而导致谈判的失败。

（二）需要不断学习的能力

商务谈判的业务内容是多方面的，谈判活动的组织形式是不断变化的，一位优秀的商务谈判人员必须具有不断学习的能力，进而在事业上有长远的发展。谈判人员首先应努力掌握完成谈判工作所必需的各种知识和技巧；其次，要善于思考，对于自己在谈判工作中所遇到的问题，不仅要设法解决，还要加以分析和总结，不断积累经验，总结出谈判工作的一般规律。此外，还应善于学习同行的经验，从中获得有益的启示。

（三）具有较强的社交能力

商务谈判过程实际上是一种信息沟通的过程，商务谈判人员必须善于与他人交往，有较强的沟通技巧，同时也能够维持和发展与顾客之间长期稳定的关系。实践证明，具备较强社交能力的商务谈判者总能很好地建立融洽的商务谈判氛围，驾驭整个商务谈判进程，促成商务谈判的成功。

在当今的关系谈判环境中，优秀的商务谈判人员最重要的一点就是要成为解决客户问题的能手和与客户拉关系的行家。本能地理解到客户的需求，善于换位思考、有耐心、够周到、反应迅速、善于倾听、十分真诚往往是优秀的商务谈判人员的基本特征。优秀的商务谈判人员待人随和、热情诚恳，能设身处地地从对方的角度出发，为其解决实际问题，取得对方的信任、理解与支持。

商务谈判人员除具备商务谈判领域所必须掌握的丰富专业知识外，还要有广泛的兴趣爱好。优秀的商务谈判人员应该知识面广泛，商务谈判工作本质上也是对商务谈判人员社交能力的检测。

（四）具有敏捷的应变能力

当今世界，变化是唯一的，商务谈判人员应该逻辑缜密，思路清晰，适应能力强，反应速度快，面对困难与不利并不慌忙，善于处理这种被动的局面，能够变被动为主动。商务谈判人员虽然在与客户接触前，已经对其商务谈判对象做过一定程度的分析与研究，并进行了接洽前的准备，制定了商务谈判方案，但由于实际商务谈判时变数很多，无法提前把客户所有可能的反映全部列举出来，因此必然会出现一些意想不到的情况。对于这样突然的变化，商务谈判人员要理智地分析和处理，随机应变，并立即提出对策，这就是应变能力。世间不可能有一劳永逸的处理应变的方法，任何再好的方法也只是在一定条件、时间和地点下适用。

（五）具有敏锐的洞察能力

商务谈判人员也应该是心理学的行家，应善于察言观色，具有洞察细微事物的慧眼。从客户的手势、反应、脸色、心境等表现，在头脑中快速形成印象并加以整理，迅速做出判断，哪些是潜在的客户，哪些绝对不可能成为客户，哪些客户有购买力……好的商务谈判人员应该具备洞察客户心理活动的能力，对多数人所忽略的细枝末节有较强的敏感性，并能针对客户心理活动的各个阶段采取必要的刺激手段，转变客户看法，变潜在需求为现实需求，并力争扩大其需求。

（六）具有高超的解决异议的能力

商务谈判人员必须具备必要的处理客户异议的能力。商务谈判时客户往往会对产品的质量、价格、式样等方面的问题提出种种异议，甚至故意挑剔。对于客户所提出的异议，商务谈判人员应区别对待，不能统统都认可或完全拒绝。如果客户的异议是合理的，同时也是商务谈判人员能够解决的，就应该设法为其解决；但有些客户本无心购买，只是为不买找借口，其所提出的异议就不能一味地迁就，为与这样的商务谈判对象达成一笔交易而进行马拉松式的交锋，可能需要很长时间，但同样的时间可能已找到更多的客户，做成了更多的交易，从时间效应上看是得不偿失的。

总之，商务谈判人员应该是商务谈判活动的中心，善于掌握主动权，创造一种宜于商务谈判交谈的气氛，把握说话的时机和尺度，在与谈判对象有良好沟通的基础上激发其购买欲望，进而采取购买行动。

第二节　谈判人员的思想理念与业务能力分析

一、商务谈判人员的思想理念分析

商务谈判人员正确的思想观念是商务谈判成功的重要保障，正确的思想观念包括忠于职守、遵纪守法、百折不挠、意志坚定、诚实无欺、讲求信誉、谦虚谨慎和团结协作等。

（一）忠于职守、遵纪守法的思想理念

商务谈判人员不论是代表国有单位、集体企业、民营企业与国内其他单位或个人进行谈判，还是参加国际经贸谈判，都必须忠于职守，遵守法律和职业道德。在当前市场经济条件下，谈判人员在国内谈判中就会遇到形形色色的对手和诱惑。所以，谈判人员必须要有良好的思想品质、灵敏的政治嗅觉，自觉抵制各种腐败思想作风的侵蚀。

(二) 百折不挠、意志坚定的思想理念

谈判人员一定要有坚强的事业心和高度的责任感，发挥自己的智慧和能力，百折不挠地去克服一个又一个的困难，全心全意地完成自己所承担的任务。作为谈判的代表，一旦坐到谈判桌上，要给对方一种气势，要非常自信，树立必胜的观念；态度积极，坚持正确的主见，镇定沉着，临危不乱，坚信自己一定能取胜。

(三) 谦虚谨慎、团结协作的思想理念

谈判的过程所涉及的知识面非常广，而一个人的知识和能力总是有限的，必须依靠谈判班子的每一个成员以及幕后智囊团的协作和支持，才能取得谈判的成功。所以，无论个人的经验多么丰富，能力多么强，都要虚怀若谷。谈判桌上的氛围和时机是瞬息万变的，需要谨慎处理。

(四) 诚实无欺、讲求信誉的思想理念

诚实无欺是每一家企业经营的基本原则，也是每个谈判者应具备的道德风范，是树立国家和企业良好信誉的基本前提。企业与企业之间的关系，既是竞争的关系，又是相互协作、相互配合的关系，不择手段的种种做法在法制健全的市场经济当中是绝对行不通的。当然，商场如战场，诚实守信不等于毫无心机，把自己的底数全盘托出，把谈判的主动权拱手让人。在商务谈判中，为使交易顺利达成，使用暗示、夸大、假动作等谈判策略和谈判技巧，前提必须是没有害人之心。反过来说，如果只知道运用策略和技巧，抛弃了基本道德规范，无异于欺诈。

因此，谈判策略与技巧的运用还是要坚持信誉，一旦协议达成，必须按质、按量、按时履行协议条款，以信誉赢得顾客，赢得未来。

二、商务谈判人员的业务能力分析

商务谈判是一项复杂的工作，要顺利达到预期的目标，相关人员必须具备一定的业务能力，如应具备合理的知识结构、预见能力、分析判断能力、决策能力、核算能力、心理承受能力等。

(一) 合理的知识结构

合理的知识结构是指既有专业的理论知识，又有广博的知识面，具有推动事业发展实际需要的最合理、最优化的知识体系。建立起合理的知识结构，培养科学的思维方式，提高自己的实用技能，有利于在谈判过程中游刃有余。

(二) 超强的预见能力

正式的谈判就如作战一样，变化无穷。因此，事先要有全盘的考虑，要能从各个方面预见谈判可能出现的各种情况、产生的各种结果。一旦决定要去谈判，便要着手全盘规划、设计。谈判有主动邀约，也有被动应战。主动邀约时，谈判者要制定出最高的目标以及谈判的范围与原则；参与谈判的每一位团队成员都必须彻底了解目标及其应用方式，利用弹性的技巧完成任务。在被动应战的情况下，就要考虑是否还有其他方案可以代替，以免委曲求全。

主持谈判的代表必须是统帅大局的人，如同作战部队的最高统帅一样，要有战略意识、长远眼光，针对谈判内容的轻重、对象的层次，事先决定兵力部署，先谈哪个，后谈哪个，谈判小组成员如何分工、如何配合，提前都要有一个计划，做到胸有成竹，把整个谈判的进程纳入自己事先布置的轨道中。

(三) 高超的判断能力

分析判断能力是以谈判者丰富的业务知识和长期的经验积累为基础，在实践中谈判者逐步养成的一种能力，是商务活动中极可贵的资源。

一是对市场形势的分析判断。有经验的谈判者总是密切地注视着有关商品或服务的市场形势，能够从微弱的信息中对可能发生的市场变化趋势做出正确的分析判断，从而应用于商务谈判的实际。事实证明，当某种商品或服务的市场尚处于若明若暗的形势下，首先能做出正确分析判断的人，就能掌握主动权，赢得更大的利益。

二是对谈判对手的分析判断。有经验的谈判者通过会上、会下的接触，透过各种现象，包括对方运用的夸大、假象、声东击西等策略，能迅速、准确地判断出其经营规模、资金情况、购销形势、管理水平和信誉状况。特别是对其购销形势的分析，做出其对产品需求或供给状况的判断，将在很大程度上决定对方在谈判中的态度，这是制定相应谈判策略的重要根据。

(四) 果断的决策能力

决策能力是谈判过程中非常关键的一种能力。谈判人员必须十分熟悉谈判项目的有关情况，能依据谈判形势的变化，抓住时机，果断地做出正确决策。当谈判人员就交易的具体内容协商讨论之后，进入拍板决策阶段，是签合同，还是不签合同，需要谈判人员做出决断。

谈判者的决策能力的高低与自信心等有直接的关系。自信心强，处理问题迅速、果断。敢于冒险的人，决策能力相对比较强；反之，则比较弱。

决策时间的长短也能反映人决策能力的差别。一般来讲，行为谨慎的人，决策时间会比较长；决策能力较差的人，决策时间也会比较长。决策能力的强弱还要根据决策结果和决策所考虑的内容去分析。决策能力不单是人的某一方面能力的表现，从某种程度上说，它是人的各项能力的综合体现。决策能力是建立在人们观察、注意、分析的基础上，运用判断思考、逻辑推理做出决断的能力。因此，培养和锻炼谈判人员的决策能力，就必须注意各种能力的平衡发展。

（五）良好的承受能力

谈判的过程一般是对事不对人的。但有些对手常常使得谈判由对事不对人引申为对事又对人，这样，谈判人员的心理承受能力就将发挥重要作用了。

良好的心理承受能力指的是谈判人员身体所具备的一种韧性，一种面对环境的从容和宁静，不受身外的人和事物的影响，专注于工作的中心，进行有理、有利、有节谈判的能力。

（六）准确的核算能力

商务谈判的归根到底是一种商务活动，所以它的出发点和归宿点都是经济利益。因此，整个谈判的过程实际上就是经济利益的不断核算和调整的过程。因此，谈判人员也要有丰富的会计知识和核算能力，熟练掌握有关产品的各项经济指标，能够在各种方案的商谈中，找到自己的利益所在，进退自如。

第三节　商务谈判者的情绪与心理调整能力

一、商务谈判者的情绪解析

（一）谈判者情绪的定义

情绪是人脑对客观事物能否满足自己的需要而产生的一定态度体验。人的情绪对人的活动有着相当重要的影响。对于人来说，能够敏锐地知觉他人的情绪，善于控制自己的情绪，巧于处理人际关系的人，才更容易取得事业的成功。

谈判人员的情绪是指谈判的行为主体对谈判关系、谈判对象和整个过程的情感心态的外在表现。

谈判行为是谈判人员在一定的谈判环境中，为改变谈判客体而进行的有目的的活动。谈判人员之间在谈判活动中形成了相互作用、相互牵制、相互影响的关系，这种关系反过来又必然会作用于谈判者，引发相应的心理反应，产生并且外化为一定的情绪和态度，表现出谈判者肯定或否定、赞成或反对的态度和轻松或紧张、愉快或烦闷的情绪。这种谈判者主体的心理感应与外在表现，就是谈判者的情绪。

（二）谈判者情绪和谈判活动的互相影响

商务谈判者情绪的优劣会直接影响谈判者的行为效果，关系谈判的得失。良好、健康的谈判情绪，会使谈判双方精神愉快、心情舒畅，形成友好、和谐的谈判氛围，双方的立场就容易接近，分歧也容易化解，而不佳的谈判情绪会使谈判各方精神压抑，心情苦闷，形成僵持、冷漠的谈判氛围，导致各方互为抵制、对抗。

1．谈判人员情绪的影响作用

如果谈判者之间利益差异不大，谈判中的冲突就较少，谈判的氛围就比较轻松，谈判的情绪也比较稳定。谈判者的情绪稳定，反过来又促进谈判者之间的关系融洽，谈判起来就愉快、友好。

正面情绪会提高喜欢别人的程度，改进对人类本性的看法和善解人意的能力，同时减少侵略性和敌意。例如，让谈判者在谈判前收到一份小礼物，那么，这份礼物就会营造出“好心情”来。结果显示，这些心情好的谈判者在接下来的谈判中，能够达成有创意和整合式的协议，不仅如此，谈判中也比较不愿意使用高度竞争性的战略。

如果谈判者之间的利益差异较大，谈判中的冲突也相对明显，谈判的氛围就比较紧张，谈判者的心理压力情绪变化也较大。如果谈判者不能加以控制，这种情绪就会作用于谈判，导致谈判者之间的关系对立，谈判难度就加大。

负面情绪对谈判结果的影响作用表现在：一是己方的负面情绪会给对方施加压力；二是己方的负面情绪极易刺激对方，引起对方的强烈反应。如果各方当事人均充满了强烈的斗志，根本没有共同协调以解决问题的心情，那么，谈判很容易陷入僵局，甚至可能破裂。

2．对谈判活动的影响

谈判者的情绪对谈判活动的影响，具体表现在以下三方面：

第一，情绪影响谈判者的双方关系。谈判者的情绪状态影响谈判中的双方关系。感受好的情绪状态，常常以亲切、友善、温和、乐观的言行表现出来，给对方传递相互肯定、相互信赖的信息，有利于建立合作性的相互关系。反之，不佳的情绪状态会令对方失望、沮丧，使彼此的关系变得冷漠、疏远、相互猜疑，缺乏信任感。

第二，情绪影响谈判氛围。情绪不仅影响谈判的相互关系，而且直接对谈判氛围带来影响。良好的情绪状态会使谈判氛围轻松、愉快、和谐、活跃，形成友好协商的氛围；而不佳的情绪状态，会给谈判氛围带来阴影，形成压力，制造紧张气氛，妨碍谈判进行。

第三，情绪影响谈判者的正确判断。谈判者的情绪状态，会严重影响谈判者的行为选择，当谈判者情绪好的时候就可以提高兴趣，增强信心，以积极的情绪力量，转化为积极的行为选择，以提高行为的效果；当谈判者情绪恶劣时，就可能干扰理性决策，以消极的情绪力量转化为外在的行为，进而降低谈判者的正确决策，最终影响谈判的整体效果。

（三）谈判者情绪的类别

从不同的角度进行划分，谈判者情绪的类型各有不同。这里主要从谈判者的情绪性质和情绪状态两个层面来加以说明。

1. 从情绪性质上分类

从谈判者的情绪性质上可以分为欢愉情绪、失望情绪、愤懑情绪、恐惧情绪这四类。

(1) 欢愉情绪。一般是指谈判者对谈判的结果乐观，对自己的能力自信，并在实践中得到体验的一种谈判情绪。谈判者的这种情绪，一般是基于对谈判结果自信，需要已经得到满足或将要得到满足的一种积极情绪状态。这种情绪可以提高工作效率，对谈判有积极的推动作用。

(2) 失望情绪。多指谈判者对谈判的结果悲观，对自己能力缺乏自信，并在实践中体验着的一种谈判情绪。谈判者的这种情绪，多是预感谈判结果对己不利，需求无法得到完全或部分满足的一种消极情绪状态。这种状态会降低工作效率，甚至会给谈判带来损害。

(3) 愤懑情绪。谈判者由于对谈判结果失望，对对方不满和需求无法得到满足的心情沉积在实践中体验的一种沮丧情绪。这种情绪常常表现为迁怒对方，立场对抗，对谈判具有破坏性，往往会导致谈判陷于僵局，甚至造成谈判破裂。

(4) 恐惧情绪。它是指谈判者对谈判结果和对手以及对自己能力的怀疑，而形成的害怕的心理压力，在实践中的一种情绪体验。恐惧情绪一般是由于谈判难度较大，对手强硬难以应付，自己准备不足，又缺乏能力而产生的焦虑心理的沉积。这种消极情绪会严重影响自己谈判能力的发挥和谈判活动的健康发展，给己方带来不利的后果。

2. 从情绪状态上分类

谈判者情绪从状态上可以分为常态情绪、热态情绪、激奋情绪和应激情绪这几类。

(1) 常态情绪。谈判者的常态情绪是指谈判者在通常情势下，所持有的较持久、稳定的一种通常心态情绪体验。谈判者的常态情绪也可表现为乐观、苦闷、焦虑等，但其体验较弱，仅仅是一种倾向，并不会引起情绪的较大波动。注入谈判者不同常态情绪倾向的因素很多，如对谈判的态度、谈判者的关系、谈判环境、谈判者的性格修养，都可能影响谈判者的心境，使之表现出某种倾向性。谈判者常态情绪是影响谈判行为、谈判氛围的重要因素。良好的谈判者常态情绪，可以为谈判的顺利进行提供情绪上的保障，而不好的常态情绪则会影响谈判的健康发展。

(2) 热态情绪。谈判者的热态情绪是指谈判者在谈判过程中所表现出来的感情浓烈、深厚和相对稳定的情绪体验。这种情绪的形成，一般是由于谈判者受到来自外部刺激，对谈判议题或谈判对方产生兴趣，对谈判前景看好的心境外化。这种热态情绪是常态中的倾向性发展，而且往往是与谈判对手的情绪状态相呼应的。谈判者的热态情绪，会促进谈判进程，消化谈判矛盾，有益于谈判成果的取得。因此，谈判者最好能把情绪调适至热态，保持对谈判的兴趣，以感召或呼应谈判对手的情绪，为谈判的成功提供良好的氛围。

(3) 激奋情绪。谈判者的激奋情绪是指谈判者在谈判活动中，偶然产生的一种暂时性激烈的情感体验。激奋情绪既可表现为极度高兴，也可表现为极度痛苦、悲伤、愤怒和恐惧。谈判者激奋情绪，一般是指由于外部的强烈刺激而导致的情绪波动，如兴高采烈、暴跳如雷、惊恐不已、呆若木鸡等，都是一种激奋感情心态的外化。

当谈判者受到某种刺激而导致心理上的异常反应时，认识问题、思考问题的能力就会降低，往往会受情绪操纵，做出不良反应。但是激奋情绪也不都是消极的，有的激奋情绪有益于加大工作强度，推动谈判发展。例如，当谈判桌上传来某种有利谈判的喜讯，就会激发谈判热情，推动谈判的进展。

(4) 应激情绪。谈判者的应激情绪是指谈判者在谈判活动中，由于情势突然发生变化而产生的极度紧张的情绪状态。这种情绪状态较之激奋情绪更具突发性和剧变性。根据实验证明，应激状态会改变人体内部的激活水平，使心率加快，血压、内分泌、肌肉等紧张程度发生明显变化，有时还会伴有身体的诸多不适。在应激状态时，谈判者常常手足失措，难以自持。

总之，谈判者各种情绪都会对谈判工作有直接影响，谈判者要想维持良好的谈判氛围，确保谈判成功，就要力避消极情绪状态对人的理智与行为的不良影响，保持或调节到最佳情绪状态，以使谈判效率最大化，取得最佳的谈判成果。

二、商务谈判者情绪的调整能力

在错综复杂的商务谈判中，免不了会出现各种情绪的变化和波动。当异常的情绪波动出现时，要善于采用适当的策略办法对情绪进行调控，而不能让情绪对谈判产生负面影响。

（一）如何知晓、掌握对方的情绪状态

1．使对方的情绪表现出来

有时，谈判双方具有针锋相对的情绪时，会使双方的精神处于亢奋状态。容易使双方丧失理智，忘记自己的实质利益所在，往往会使谈判双方越走越远，无法达成共识。这时，不妨坦诚地道出自己所判断出的情绪问题，引导对方也认识到这个问题，从而把双方的情绪公开化，增进双方对这个问题的了解，把双方拉回到理性磋商的层面上来。

把自己和对方的情绪问题坦诚地都拿出来，放到桌面上加以考虑和讨论，不但能够强调这个问题的严重性，而且，能够削减谈判时的“针锋相对力度”，进而促使谈判走向积极的一面。双方情绪的公开化，会使双方压抑的情绪得到疏解，使双方的注意力重新回到实质问题上来。这时，双方在实质问题上的合作就可能取得进展。

2．允许对方发泄情绪

一般来说，人一旦把自己的不满说出来，就会有一种解脱感。因此，要想巧妙地应付对方的愤怒、沮丧和其他负面的情绪，最好的方法是给对方一个能够发泄情绪的机会。容许对方发泄情绪，会使对方压抑的心情疏解过来，对于这个道理，人们在日常生活中也会有所体会。

谈判者如果能耐心地容许对方发泄情绪，那么，当对方把自己心中的郁闷情绪发泄完时，必然能够非常理性地投入谈判。在这个过程中，谈判者应该默默地倾听，让对方把想说的话说完。当然，如果谈判者偶尔说一句：“请继续说下去!”则效果会非常好。在对方发泄完以后，谈判者不必对对方的不满发表评论，更不必去承认对方的不满是多么有理由，只要让对方把话说完，心中就不会再有负面情绪了。

3．不打击对方发泄的情绪

当对方宣泄情绪时，极易引起自己情绪性的反应，因此，一定要注意保持自

己平静的心态，控制好自己的情绪，有时甚至得压抑自己。为了掌握对方的情绪，控制谈判的进程，有时压抑自己也是必不可少的。因为在这种情形下，只有压抑、控制自己，才能有效地影响对方，使谈判朝着正确的方向前进。

4. 缓解对方的情绪

谈过恋爱的人会知道：要使恋爱中的男女停止争吵，男方应主动向女方馈赠能表达爱情的小礼物(如红玫瑰等)。在谈判中有些方法也与此类似，代价很少，功效却很大。例如，主动与对方握手，邀请对方聚餐，一段略表歉意的话，带一份小礼物给对方的孩子等，这些办法都不需要付出很大代价，却能有效地消除对方的敌意和对抗情绪。

(二) 谈判人员的情绪怎样达到最佳状态

谈判活动是一种高度理性的智力竞争活动，谈判者始终应以理性的、平和的心态和积极的情绪状态，来保证谈判工作的效率。那么怎样保持谈判者的最佳情绪状态？首先要了解谈判者的积极情绪与消极情绪的不同表现。

1. 积极情绪的表现

谈判者的积极情绪主要表现在以下几方面：

(1) 谈判开局时，谈判者精神状态饱满，在谈判桌上给人留下的“第一印象”是主动、热情、友好、大度；

(2) 谈判开始后，谈判者言谈举止坚定自信、潇洒自如、情感真诚、态度和蔼；

(3) 在双方协商问题时宽厚、礼让、和气、风趣，特别是认真倾听，保持相互交谈的兴趣；

(4) 把友谊作为谈判的纽带，“买卖不成仁义在”；

(5) 遇到意见分歧时，心平气和，耐心劝说，与人为善，尽快消解矛盾；

(6) 尽量避免无休止的论争，善于灵活、技巧地打破僵局；

(7) 主动让步，善于用妥协赢得双方需要的结果；

(8) 善始善终，情绪稳定，给人留下“建设性的合作伙伴”的总体印象。

2. 消极情绪的表现

在谈判的过程中，常见的消极情绪主要有以下几种：

(1) 谈判开局亮相状态不佳，缺乏热情、主动、坦率、友好的表现；

(2) 情绪低落、反应冷漠；

(3) 磋商问题时精力不集中，谈论议题难以深入；

(4) 遇到意见分歧时易于激动，常常感情用事；

(5) 性情急躁，缺乏耐心和谅解精神；

(6) 遇到谈判僵局时常常滋生对抗情绪；

(7) 不善于用妥协寻求和解；

(8) 情绪极不稳定、反差很大，令对方无法信任。

谈判者保持什么样的情绪状态，对谈判的效率会有很大的影响。心理学家赫布(Hebb)的研究成果显示：当谈判者的情绪激活水平极低，如萎靡不振、昏昏欲睡、打不起精神时，谈判的效率非常低。随着谈判者情绪激活水平不断提高，如精神振奋、积极思考、精力专注、研究对策时，谈判者的效率也就随之不断提高。当谈判者的情绪激活水平调整到一个最佳状态时，谈判的效率也就最高。这时，如果谈判者的情绪激活水平再提高的话，谈判的效率反而会随之下降。这表明，这时的情绪对谈判者造成了负面影响，干扰了谈判工作。因此，谈判者在谈判中应注意自己的情绪状态，调适自己的情绪水平，力争把自己的情绪调整在最佳状态，使自己在谈判效率上的活力充分发挥出来。

3．增加双方情感的交流

情感是谈判者对谈判对手能否满足自己需要的态度体验，谈判者的情感始终处于对其意识的支配地位，它常常以内隐的形式出现。情感是情绪的内在依据，因此，加强与谈判对手的情感沟通，是影响对方的情绪，进而控制谈判进程的重要手段。

(1) 满足对方自尊和被人尊重的需要。自尊就是谈判者能维护自己的尊严，既不向对方卑躬屈膝，也不受对方侮辱。自尊是谈判者的一种情感需要。在谈判中，不能侮辱对方的人格，要以礼待人，不要把双方在实质利益上的对立演变成“个人恩怨”。应“强硬对事、温和对人”。要尊重对方，注意顾及对方的颜面，把谈判导向“对事不对人”的氛围，满足对方尊重上的需要，这是双方建立起私人情感的前提和基础。

(2) 满足对方友谊的需要。对方也许想通过谈判找到一个能长期真诚合作的伙伴，建立互惠互利的关系，也就是说，谈判对方可能会希望与自己建立起真挚的友谊。谈判者应注意判断对方是否怀有这种期望，即判断对方是否怀有“既做生意，也做朋友”的愿望。如果对方这种愿望很强烈，则己方可以采取合作的态度，致力于长期友好合作关系的建立，同时也可以发展起私人间的友谊。如果对方只想做“一锤子买卖”，对方在谈判中的进攻性会很明显，这时若想建立起长期合作的友谊，则比较困难。

(3) 利用情绪增强谈判力量。前面讲的是一般情况下谈判者在情绪上应采取的策略。有时，谈判者也可以有意识地采取一些非常规的情绪手段，来有效地影响对手，达到自己的目的。把情绪作为一种武器，它既可能滋生力量，也可能把谈判搞砸。从这个意义上讲，非常规的情绪手段是一把“双刃剑”。它既可能“伤着”对方，增加己方的相对实力，也可能“伤着”自己，使自己处于不利境地。因此，谈判者在考虑采用非常规的情绪手段时，一定要认真掂量，仔细权衡，切不可犯“冒进”的错误。

情绪手段运用得好，的确可以滋生力量。很多谈判者在谈判实践中就运用了这一规律。

下面介绍一些可以在谈判中滋生力量的情绪手段：

(1) 发怒。发怒可以引起对方的注意，表示发怒者的决心，进而可以产生胁迫对方的效果。发怒为什么能滋生力量呢？因为发怒能使对方感觉不舒服，进而给对方产生压力感。当然，“发怒”也是一把“双刃剑”，一定要谨慎从事。

(2) 悲痛。悲痛可以获得对方同情，瓦解对方斗志，筑起牢不可破的长城。在谈判中“悲痛”可以化为“力量”，瓦解对方的决心，为自己争得更多利益。当然，作为一种非常规的情绪手段，“悲痛”在谈判实践中并不经常用到。

(3) 大笑。大笑是自己开心的表现，可以帮助掌握对方的反应，给自己创造选择和改变话题的自由。

(4) 让对方感到愧疚。人们在心理上总是不愿意去占不该占的便宜的，所以，让对方感到要求有点过分，引发对方的愧疚感，极有可能会使对方做出让步。

(三) 如何平息对方的愤怒

一般来说，对方的感情冲动，往往有三种目的：一是为了从气势上压倒；二是为了激怒；三是为了尽快发泄心中的怨恨之气。在谈判过程中，当对方感情冲动时，首先要明白，冲突不是目的，获得收益才是目的。这时候可以运用各种方法缓解对方的感情冲动。

(1) 首先是让座。感情冲动者基本上都是站立着的。为了缓解对方的冲动，最好坐下来说话，最好坐在较矮的沙发上，坐着的人是很难大怒的，坐的姿势会大大限制胸部扩张，使其怒气不足。

(2) 其次是较为激烈的情绪状态，一般均不能长时间维持，过上一段时间自然就会平缓得多。因此，时间是抹平感情冲动的良药。

(3) 拖延，也就是利用时间来缓解感情的冲动，待其平静后再进行正式的谈判。可以用请喝茶、请抽烟、请吃饭、休会、出去打打球等方法，使对方平静下来。

(4) 换环境。可以通过换环境来缓解对方冲动的感情。

(5) 漠视。对于暴怒者争论，可以尽可能漠视它，要么装作没听见，要么不发表任何意见，要么绕过去，要么要求对方“再说一遍”。

第四章　现代商务谈判语言分析

商务谈判实质上就是双方谈判人员运用语言传达观点、交流意见，并最终说服对方的过程，所以谈判语言发挥着重要作用。本章围绕对现代商务语言的分析，论述商务谈判中语言运用的基础理论，分析表达技巧以及商务谈判中语言的实践应用。

第一节　商务谈判中语言运用的基础理论

一、商务谈判语言的定义

人类创造了语言，就是为了交流和沟通。语言是人类用来进行信息交流的符号系统。从狭义上讲，语言是指由文字的形、音、义构成的人工符号系统；从广义上讲，语言则包括一切发挥沟通作用的信息载体，不但说话、写字，就连距离、眼神、手势、表情、提示都包括在内。

按我国出版的工具书《现代汉语词典》的解释，“谈”为“说话或讨论”之意。“判”解释为“评定、评断”，“谈判”就是“有关方面对有待解决的重大问题进行会谈”。

商务谈判作为谈判的一种，是指在经济贸易中，买卖双方为了满足各自的一定需求，彼此进行信息交流、阐述意愿、磋商协议、协调关系、争取达到意见一致从而赢得或维护经济利益的行为与过程。从这两个定义就可以看出，谈判必定要借助语言这一工具才能完成。各种思维活动都需要用语言表达出来。商务谈判的整个过程就是谈判者进行语言表达和交流的过程，也就是通过语言表达自己的立场、观点，来与对方讨价还价，从而协商双方的目标和利益，保证谈判的成功。那么，如何巧妙地把谈判者的判断、推理、论证的思维过程、思想感情表达出来，语言沟通就是关键。因此，对于商务谈判语言的研究具有十分重要的意义。

二、商务谈判语言的重要性

语言贯穿于商务谈判的全过程，语言运用的成功与否，在很大程度上影响着谈判的成败。

1. 语言艺术是通向谈判成功的桥梁

美国企业管理学家哈里·西蒙曾说："成功的人都是出色的语言表达者。"同样，成功的商务谈判都是谈判双方出色运用语言艺术的结果。

2. 语言艺术是表述自己观点、说服对方的有效工具

谈判双方代表聚在一起，讨论某项交易内容，首先要运用语言准确无误地陈述自己的谈判意图，表达自己的目的与要求。只有措辞得当、言简意赅、论据充分的语言，才能将自己的观点和态度明确、清晰、有力地表达出来。在谈判中，双方常常为各自的利益争执不下，谁能说服对方接受自己的观点，做出让步，谁就获得了成功。反之，不会运用语言说服对方，就不能克服谈判中的障碍，也就不能取得谈判的胜利。

3. 语言艺术是实施谈判策略的主要途径

谈判策略的实施，往往要借助于语言。比如，有时为了使某个问题谈判成功，可能会用到"红、白脸"策略与对手进行谈判。扮演"白脸"的人，既要态度强硬、寸步不让，又要以理服人；既要"凶狠"，又要言出有礼，保持良好的形象。这时，语言艺术就显得尤为重要。态度强硬不等于蛮横无理；平和的语气、稳重的语调以及得体的无声语言，往往比蛮横无理具有更强烈的震撼力。所以，谈判策略的实现，也要讲究语言艺术。

4. 语言艺术是处理谈判中人际关系的关键

在商务谈判中，双方人际关系的变化，主要通过语言交流来体现。双方各自的语言，都是表达自己的愿望和要求的。当用语言表达的这种愿望和要求，与双方的实际努力相一致时，就可以使双方维持并发展某种良好的人际关系；相反，当这种愿望和要求用不恰当语言来表达，就会导致双方的实际努力不一致的结果，甚至发生冲突。这时，双方建立的某种良好的人际关系就可能解体，严重时可能导致双方关系破裂，进而使谈判遭到失败。

语言艺术水平的高低，还关系到谈判双方处理矛盾的效果。在商务谈判中，说者所表达的并非是听者愿意接受的。那么，如何才能既表达清楚自己的见地，又能维持双方的良好关系，这就取决于语言艺术。如果谈判者具有较高的语言艺术水平，即使是反驳、说服，甚至是否决对方要求的话语，也可以使对方听得入耳。比如，在否决对方要求时，可以这样说："您说的有一定道理，但是实际情况稍微有一些出入……"然后就不露痕迹地提出自己的意见。这样做，既不会驳了对方面子，使对方难堪，又可以让对方心平气和地认真倾听自己的意见。如果

语言运用不当，即使是赞同、认可，甚至是支持对方的话，也可能使对方反感。因为不恰当的语言表述，会使对方怀疑己方的动机，有可能推翻原有提案，使本可顺利进行的谈判陷入僵局。

商务谈判实质上就是双方谈判人员运用语言传递观点、交流意见，并最终说服对方的过程。语言在商务谈判中犹如桥梁，占有重要的地位，它往往决定了谈判的成败。因此，在商务谈判中，使用有效而恰当的语言是不可缺少的，而对于这方面的研究也是意义重大的。

三、商务谈判语言的运用法则

谈判语言作为一种具体领域的专门性语言，比一般的交际语言层次更高，艺术性更强。要想掌握并运用好谈判语言，就必须把握谈判语言的运用原则。

（一）谈判语言的客观性

谈判语言的客观性，是指在商务谈判中运用语言交流思想、传递信息时，应该以客观事实为依据，并且运用恰当的语言向对方提供令其信服的证据。商务谈判中，谈判各方为了共同的利益走到一起，是为了解决分歧，达成一致。这就需要各方拿出彼此谈判的诚意，其中重要的一条就是谈判者要尊重事实。反映问题时，不要盲目胡编乱凑，捕风捉影，那样最终对双方都不利。所以，对于商务谈判来说，谈判语言的客观性具体表现在买卖两方面。

1. 从卖方来看

语言的客观性主要表现在：介绍自己企业情况要符合实际；介绍商品性能、质量要有事实依据，有条件的最好能出示样品或当场进行演示；报价要恰如其分，既尽力满足己方需要，又不能忽视对方利益；确定支付方式要考虑对方要求，采用双方都能接受的方式等。

2. 从买方来说

语言的客观性主要表现在介绍己方财务状况和购买实力时不要夸大其词；评价对方商品的质量要依据事实、中肯可信；要价要恰当可行，还价要合情合理，压价要有根有据；无论交易成功与否，要让对方感到己方的诚意。

谈判语言具有客观性，就能使双方自然而然产生“以诚相待”的感觉，增加彼此的信任感和亲和力，促进双方立场相互接近，为下一步谈判奠定基础。当然，商务谈判中语言的客观真实是个基本原则，这个原则需要在实践中加以灵活应用，也就是说要能灵活掌握为己所用。谈判语言既要有原则性，也要有灵活性。

（二）谈判语言的针对性

谈判语言的针对性是指语言要围绕主题，对准目标，有的放矢，才能切中要害。不要无谓地漫无边际，四处游击。谈判语言的针对性具体来说包括：针对某次谈判；针对某项具体内容；针对某个具体对手；针对对手的具体方面。

商务谈判涵盖的内容很广，它包括贸易谈判、代理谈判、合作谈判、兼并谈判、咨询谈判、工程谈判等。谈判标的不同，内容也截然不同。即使是同类谈判，内容也不可能一样，这就要求谈判语言要有针对性。针对某次谈判来说，谈判内容一旦确定之后，就要认真准备有关资料，同时还要充分考虑到谈判桌上将要使用的相关语言甚至行话。只有有选择地、有针对性地使用谈判语言，才能有益于谈判活动的顺利进行。

谈判语言针对某项具体内容是指：谈判内容包括诸多方面，每方面都有其特定用语或专业术语，谈判语言要有所变化。而且，谈判语言的选择要根据具体内容对己方的有利无利程度而有所区别。

谈判语言针对某个具体对手是指：不同的谈判场合和不同的谈判内容会有不同的谈判对手，不同的谈判对手有不同的谈判风格，因而针对不同的对手，需要准备不同的谈判语言。

比如，对脾气急躁、性格直爽的谈判对手，“短、平、快”的谈判语言可能受其欢迎；而对慢条斯理的谈判对手，“春风化雨”般的谈判语言可能更适用一些。即使是同一个谈判内容，也要根据不同的谈判对手的文化程度、知识水平、思辨能力和个性习惯的不同而有所区别。还要针对同一谈判对手的不同需要，恰当地使用有针对性的语言，或重点介绍商品的质量、性能，或侧重介绍本企业的经营状况，或反复阐明商品价格的合理性，等等。

（三）谈判语言的逻辑性

谈判语言的逻辑性是指谈判者的语言要符合逻辑规律，表达时概念要明晰，判断要准确，推理要严密，要充分体现其客观性、具体性、连贯性和思辨性，论述要有说服力。这就要求谈判者要有逻辑思辨能力。因此，谈判者在谈判前要掌握大量的相关资料，并加以分析整理。只有通过具有逻辑规律的语言表达出来，才能为谈判对手所理解和认同。

在谈判过程中，无论是陈述问题，撰写备忘录，还是提出各种意见、设想或要求，都要注意语言的逻辑性，这是紧紧抓住对方，进而说服对方的基础。与此同时，在提问、回答或者试图说服对方时，也要注意语言的逻辑性。提问要根据客观情况，也要察言观色、把握时机，密切结合谈判的逻辑进程，而且要注意所提问题的内在逻辑性；回答问题要切题、准确，一般不要答非所问；试图说服对方时，要使语言充满强大的逻辑力量和强烈的感染力，才能打动对方，使对方心悦诚服。

(四) 谈判语言的论辩性

谈判的艺术在某种程度上就是论辩的艺术。通过对谈判议题的辩论，才能拓宽问题的外延和内涵，使问题更加明晰，便于找到双方差距，进而找到解决方法；只有通过辩论，才能展示谈判者的逻辑思维力量、对有关问题的独到看法、解决问题的想象空间以及独特的人格魅力；只有通过辩论，才能说服对方。辩论的目的不仅在于明晰问题，更是在于解决问题。因此，谈判语言的论辩性从一开始便融入了谈判的本质中。谈判者为此必须要掌握语言的运用艺术，才能在辩论中取胜，才能迈向谈判的成功。

(五) 谈判语言的规范性

谈判语言的规范性，是指谈判过程中的语言表述要文明、清晰、严谨、精确。

(1) 谈判语言必须坚持文明礼貌的原则，必须符合商界的特点和职业道德要求。无论出现何种情况，都不能使用粗鲁的语言、污秽的语言或攻击辱骂的语言。在涉外谈判中，要避免使用意识形态分歧大的语言。

(2) 谈判所用语言必须清晰易懂。口音应当标准化，不能用对方听不懂的方言或黑话、俗语之类与人交谈。

(3) 谈判语言应当注意抑扬顿挫、轻重缓急，避免语不断句、嗓音微弱、大吼大叫或感情用事等。

(4) 谈判语言应当准确、严谨，特别是在讨价还价过程等关键时刻，更要注意一言一语的准确性。

在谈判过程中，由于一言不慎，导致谈判走向歧途，甚至导致谈判失败的事例屡见不鲜。因此，必须认真思索，谨慎发言，用严谨、精当的语言准确地表述自己的观点、意见。如此，才能通过商务谈判维护或取得自己的经济利益。

四、商务谈判语言的类型

商务谈判的语言多种多样，从不同的角度或依照不同的标准，可以把它分成不同的类型。根据说话者的态度、目的和语言本身的功能特点来对其进行分析，可以划分为五种类型：礼节性的交际语言，专业性的交易语言，留有余地的弹性语言，威胁劝诱性的语言和幽默诙谐性的语言。

1．礼节性的交际语言

为使双方形成合作的相互信任，谈判中使用的旨在增进了解、沟通感情、融洽气氛的语言都是礼节性的语言形式。礼节性交际语言的显著特征是礼貌、温和、言辞得体，一般情况下多富于装饰性，不涉及具体的实质性的问题。在谈判中使用这类语言，不是为了表现权势、地位或进行倾轧欺诈，而是在尊重对方不同层次需要的基础上，以亲切柔和的语调、温和委婉的口气、庄重典雅的措辞及表现谦敬的词语来体现文明的思想内容和礼貌周到的态度。

常用的礼节性交际语言如："热诚欢迎远道而来的朋友"，"很荣幸能与您共事"，"谢谢合作"……运用礼节性语言，不仅可以缓和与消除谈判双方的陌生和戒备敌对的心理，联络双方的感情，创造出一种轻松、自然、和谐的气氛，而且也表现出语言运用者自身良好的修养与形象，有助于谈判在真诚友好的气氛中进行。

2. 专业性的交易语言

专业性的交易语言是商务谈判中的主体语言，该语言具有显著的专业性、规范性、严谨性的特征。

由于交易在不同的国家、民族之间进行，为了避免在理解上的差别，就需要将交易用语用统一的定义和统一的词汇来表达，甚至表达形式也加以符号化、规格化，从而使其语言具有通用性。例如，国际商会编写的《1990年国际贸易术语解释通则》明确了"装运港船上交货(FOB)""成本加运费(CPR)""成本加保险费、运费(CIF)""货交承运人(PCA)"等等定义及表达方式。

另外，由于谈判是对双方的权利、责任、义务的划分，而谈判双方又处在不同的社会、政治法律制度的管辖之下，所以，要使谈判双方的权利、责任、义务落到实处，确保执行，减少风险，只有用严谨的措辞、逻辑性很强的语言来对此加以描述和规定。这就使得专业性的交易语言具有了严谨性的特征。

有些专业性的交易语言虽然在一定地区或范围内有了某种约定俗成的理解，形成了某些习惯用语，但是，不同国家和地区，仍然存在着某些用语有与众不同的理解或理解上的差异。因此，在谈判中对关键性的涉及双方责任、权利、义务分担的专业性的交易用语一定要向对方讲明确，并取得一致的理解，避免以后的纠纷。

3. 要留有余地的弹性语言

在谈判中使用的模棱两可、没有明确表述的语言都属于弹性语言。这种语言具有较强的灵活性、策略性和适应性。因此，在谈判中运用留有余地的弹性语言能使谈判者的进退有较大的余地，可以避免过早暴露己方的意愿和实力。在面对复杂问题和一时难于做出准确判断的事情时，既未做出肯定答复，又未完全否定对手提问，这样就赢得了时间来做必要的研究和制定对策，避免自己盲目做出反应而陷入被动局面。

在弹性语言中，模糊语言是谈判中经常使用的留有余地的重要手段。模糊语言灵活性强、适应性也强。谈判中对某些复杂的事情或意料之外的事情，不可能一下子就能做出准确的判断，给予明确的答复。这时，便可以运用模糊语言来避其锋芒，做出有弹性的回答，争取时间来做必要的研究和制定对策。例如：谈判中客方友好地邀请主方去他国访问，主方应按照礼节高兴地答应下来，但在具体日程安排上则以模糊语言作答。因此，留有余地的弹性语言在谈判过程中的合理运用，可以避开直接的压力而给谈判带来主动。

4. 威胁劝诱性的语言

在谈判过程中，使用对抗性强、猛烈尖锐，或是委婉、平缓、柔和，以威慑、诱导对方为目的的语言就是威胁劝诱性的语言。

商务谈判始终围绕着利益上的得与失。谈判的某一方若失去了其内平衡，就容易产生急躁情绪，甚至表现出粗暴的行为。这样就促使威胁语言进入谈判领域，起到强化自身态度，从心理上打击对方的作用，也有利于振奋参加谈判人员的工作精神和意志。

虽然威胁语言有它自身的一些作用，但是不要过多使用，因为这样做往往会强化谈判双方的敌对意识，会使谈判变得更加紧张，也可能导致谈判的破裂。在谈判中为了使自已尽可能在有利的情况下达成协议，除了用威胁性语言策略外，劝诱也是一种能使谈判者在谈判中掌握主动、主导谈判方向、左右谈判进程的方法。劝诱是为了把对方的注意力紧紧吸引住，使其沿着己方的思路去思考问题，从而引导对方接受己方的观点，最终做出己方所希望的结论。

威胁语言具有干脆、简明、坚定、自信、冷酷无情的特征；而劝诱语言则是和风细雨，使对方在轻松、舒心的心境中，改变立场，转而接受己方的观点。

5. 幽默诙谐性的语言

幽默性语言是思想学识、智慧和灵感在语言运用中的结晶，它诙谐、生动、富于感染力，能引起听众强烈共鸣。因此在日常生活中，具有幽默感的人几乎毫无例外地受到欢迎，在谈判桌上也是如此。幽默诙谐性语言使用一种愉悦的方式让谈判双方获得精神上的快感，从而润滑人际关系，去除忧虑、紧张。在谈判中，有时本来双方正激烈争论，相持不下，充满火药味时，一句幽默的话便使双方相视而笑，气氛顷刻松缓下来。

心理学家凯瑟琳就曾说过：“如果你能使一个人对你有好感，那么也就可能使你周围的每一个人甚至全世界的人都对你有好感。只要你不只是到处与人握手，而是以你的友善、机智、幽默去传播你的信息，那么时空距离就会消灭。”因此，有人称幽默语言是谈判中的高级艺术。

第二节　商务谈判语言的表达技巧分析

一、商务谈判语言表达技巧的重要性

“良言一句三冬暖，恶语伤人六月寒。”这句话意为交往时要注意运用语言艺术。谈判是语言的交锋，也是语言艺术的集合。谈判是借助于谈判双方的信息交流来完成的，而谈判中的信息传递与接受则需要通过谈判人员之间的听、问、答、叙、辩以及说服来完成，其间，也包括一些肢体语言的运用。善于灵活运用谈判技巧进行谈判，将会有助于控制谈判局势，使谈判朝着有利于己方目标的方向发展，有助于促进交流与沟通，减少对峙，增大成功的可能性，加速谈判进程，为己方实现利益最大化。

二、商务谈判语言表达技巧的运用

（一）倾听艺术的运用

为了保证谈判人员能够在谈判中及时、准确、恰当地接收和反馈信息，必须掌握谈判中“听”的技巧。

1. 倾听艺术的重要性

多听是谈判成功的秘诀，是一种有效的谈判技巧，是谈判者做出的一个最省钱的让步。同时，多听又是一种修养。从心理学和日常的生活经验来看，当专心地倾听别人讲话时，表示对讲话者的内容很感兴趣或很重视，这样在无形之中就能提高对方的自尊心，加深彼此的感情，为谈判成功创造和谐融洽的环境气氛。在谈判中采取多听少说是非常重要的。谈判中所谓的“听”，不仅是指运用耳朵这种听觉器官来听，而且还要运用眼睛去观察对方的表情和动作，运用心灵去为对方的话语作设身处地的构想，运用脑去研究对方话语背后的动机。这种耳到、眼到、心到、脑到的听，称之为倾听或聆听。

听是一门艺术，善于听别人说话有时比能说会道更重要。第一，倾听是了解对方需要，发现事实真相的最简捷的途径，没有什么方式能比倾听更直接、更简便地了解对方的信息了；第二，倾听使人更真实地了解对方的立场、观点、态度，了解对方的沟通方式、内部关系，甚至是小组内成员的意见分歧，从而使己方掌握谈判的主动权；第三，注意倾听是给人留下好印象，改善双方关系的有效方式之一；第四，倾听使人了解并掌握许多重要语言的习惯用法，这些习惯用法在谈判中往往成为人们运用谈判策略的技巧之一；第五，倾听对方的谈话，还可以了解对方态度的变化，有些时候，对方态度已经有了明显的改变，但是由于某种需要却没有用语言明确表达出来，这时可以根据对方“怎么说”来推测其态度的变化。倾听和谈话同样具有说服力，它常常使谈判者不必花多大力气就能取得意外的收获。

2. 有效倾听的方法

认识到了倾听的重要性，要想提高收听效果，就必须掌握“听”的技巧。可以将听的技巧归纳为“五要”和“五不要”。

(1) 五要。

1) 要专心致志、集中精力地听。专心致志、精力集中的倾听，就是要求谈判人员在听对方发言时聚精会神，同时，还要配以积极的态度去倾听，这是倾听中最基本，也是最重要的要求。要做到这一点，就应避免出现心不在焉的现象发生。据心理学统计：一般人说话的速度为每分钟 120～200 字，而听话及思维的速度，大约要比说话的速度快 4 倍左右，因此，往往是说话者话还没有说完，听话者就大部分都能够理解了。这样一来，听者常常由于精力的富余而不专心。也许恰是这时，对方传递了一个重要信息，而没有理解或理解错误，便会造成信息的丢失和理解的偏差。即使是自己已经熟知的话题，也不可充耳不闻，将注意力分散到研究对策或其他问题上去。

在倾听时要注视着讲话者，主动地与讲话者进行目光接触，并做出相应的表情以鼓励讲话者。如可扬一下眉毛，或是微微一笑，或是赞同地点点头，抑或否定地摇摇头，也可不解地皱皱眉头等，这些动作的配合，可帮助起到更好的收听效果。

需要特别注意的是，作为一名商务谈判人员，应该养成有耐心地倾听对方讲话的习惯，这也是一个谈判人员个人修养良好的标志。在商务谈判过程中，当不太理解对方的发言，甚至难以接受时，千万不可塞住自己的耳朵，表示出拒绝的态度，因为这样的肢体语言对谈判非常不利。

2) 要通过记笔记来集中精力。通常，人们当场记忆并将内容全部保持的能力是有限的，为了弥补这一不足，应该在听讲时做大量的笔记。记笔记的好处在于：一方面，笔记可以帮助自己回忆和记忆，而且也有助于在对方发言完毕之后，就某些问题向对方提出质询，同时，还可以帮助自己做充分的分析，理解对方讲话的确切含义与精神实质；另一方面，通过记笔记，可以给讲话者留下重视其讲话的印象，同时会对讲话者产生一种鼓励作用。

对于商务谈判这种信息量较大且较为重要的活动来讲，一定要做记录。过于相信自己的记忆力而很少动笔做记录，对谈判是不利的。因为，在谈判过程中，人的思维在高速运转，大脑要接受和处理大量的信息，加上谈判现场的气氛很紧张，对每个议题都必须认真对待，所以只靠记忆是办不到的。实践证明，听话者即使记忆力再好也只能记住对方讲话的大概内容，有的甚至忘得干干净净，因此，记笔记是不可少的，也是比较容易做到的用以弥补倾听误差的好办法。

3) 要有鉴别地倾听对手发言。在专心倾听的基础上，为了达到良好的倾听效果，可以采取有鉴别的方法来倾听对手发言。通常情况下，人们说话时是边说边想、来不及整理，有时表达一个意思要绕着弯子讲许多内容，从表面上听，根本谈不上什么重点突出，因此，听话者就要在用心倾听的基础上，鉴别传递过来的信息的真伪，去粗取精、去伪存真，这样才能抓住重点，收到良好的倾听效果。

4) 要克服先入为主的倾听做法。先入为主的倾听，往往会扭曲说话者的本意，忽视或拒绝与自己心愿不符的意见，这种做法实为不利。因为这种听话者不是从谈话者的立场出发来分析对方的讲话，而是按照自己的主观框架来听取对方的谈话。其结果往往是听到的信息变形地反映到自己的脑海中，导致本方接收的信息不准确、判断失误，从而造成行为选择上的失误。所以必须克服先入为主的倾听做法，将讲话者的意思听全、听透。

5) 要创造良好的谈判环境，使谈判双方能够愉快地交流。人们都有这样一种心理，即在自己所属的领域里谈判，无须分心于熟悉环境或适应环境；而在自己不熟悉的环境中谈判，则往往容易变得无所适从，以至于发生了正常情况下不会出现的错误。可见，有利于己方的谈判环境，能够增强自己的谈判地位和谈判实力，反之也成立，这也是被实践所证明了的。因此，对于一些关系重大的商务谈判工作，如果能够进行主场谈判是最为理想的，因为这种环境下会有利于己方谈判人员发挥出较好的谈判水平。如果不能争取到主场谈判，至少也应该选择一个双方都不十分熟悉的中性场所，这样也可避免由于“场地优势”给对方带来便利而给己方带来不便。

(2) 五不要。

1) 不要因轻视对方而抢话、急于反驳而放弃听。人们在轻视他人时，常常会自觉不自觉地表现在行为上。比如，对对方的存在不屑一顾，或对对方的谈判充耳不闻，等等。在谈判中，这种轻视的做法有百害而无一利。因为这不仅表现了自己的狭隘，更重要的是难以从对方的话中得到所需要的信息。同时，轻视对方还可能招致对方的敌意，甚至导致谈判关系破裂。谈判中，抢话的现象也是经常发生的。抢话不仅会打乱别人的思路，也会耽误自己倾听对方的全部内容。因为在抢话的同时，大脑的思维已经转移到如何抢话上去了。抢话不同于问话，问话是由于某个信息或意思未能记住或理解而要求对方给予解释或重复，因此问话是必要的。抢话则指急于纠正别人说话的错误，或用自己的观点来取代别人的观点，是一种不尊重他人的行为。因此，抢话往往会阻塞双方的思想和感情交流的渠道，对创造良好的谈判气氛非常不利，对良好的收听更是不利。

另外，谈判人员有时也会出现在没有听完对方讲话的时候，就急于反驳对方某些观点，这样也会影响到收听效果。事实上，如果把对方的讲话听得越详尽、全面，反驳时就越准确、有力。相反，如果在对方谈话的全部内容和动机尚未全面了解时，就急于反驳，不仅使自己显得浅薄，而且常常还会使己方在谈判中陷入被动，对自己十分不利。

2) 不要使自己陷入争论。当内心不同意讲话者的观点时，不能充耳不闻，不能只等着自己发言。一旦发生争吵，也不能一心只为自己的观点寻找根据而把对方的话当成耳边风。如果不同意对方的观点，也应等对方说完以后，再阐述自己的观点。

3) 不要为了急于判断问题而耽误听。当听了对方讲述的有关内容后，不要急于判断其正误，因为这样会分散精力而耽误听其下文。虽然人的思维速度快于说话的速度，但是如果在对方还没有讲完的时候就去判断其正误，无疑会削弱本方听话的能力，从而影响倾听效果。因此，切忌不可为了急于判断而耽误听。

4) 不要回避难以应付的话题。在商务谈判中，往往会涉及一些诸如政治、技术、经济以及人际关系等方面的问题，可能会令谈判人员一时回答不上来，这时，切忌不可持充耳不闻的态度。因为这样回避对方，恰恰是暴露了本方的弱点。在遇到这种情况时，要有信心、有勇气去迎接对方提出的每一个问题。只有用心去领会对方提出的每个问题的真实用意，才能找到摆脱难题的真实答案。另外，为了培养自己的急中生智、举一反三的能力，应多加练习，多加思考，以便自己在遇到问题时不乱不慌。

5) 不要逃避交往的责任。交往的双方缺一不可：既要有说话者，也要有听话者，而且每个人都应该轮流扮演说话者的角色。作为一个听话者，不管是在什么情况下，如果不明白对方所说话的意思，就应该用各种方法让对方知道这一点。在这里，可以向对方提出问题加以核实，或者积极地表达出听到了什么，或者使用套用法让对方纠正听错之处。如果做到了以上几方面，所听到的内容就会比较全面，理解也会比较深入。

(二) 提问艺术的运用

提问是一种非常有用的谈判工具，商务谈判中常用“问”作为摸清对方需要、掌握对方心理、表达自己感情的手段。如何“问”是很有讲究的。重视和灵活运用发问的技巧，不仅可以引起双方的讨论，获得信息，而且还可以控制谈判的方向，因而“问”也成为衡量谈判者能力的一种重要标志。谈判能手常常也是提问专家。“问”一般包含三个因素：问什么问题；何时发问；怎样发问。

1．商务谈判中发问的类型

在商务谈判中，要达到的目的不同，想获得的信息不同，所提出的问题也必然不同；同一问题，也可以用不同的方法提出来。下面介绍几种有效的提问方式。

(1) 封闭式发问。封闭式发问指在特定的领域中能带出特定的答复(如“是”或“否”)的问句。例如：“您是否认为售后服务没有改进的可能？”“您第一次发现货品含有瑕疵是在什么时候？”等等。封闭式问句可令发问者获得特定的资料，而答复这种问句的人并不需要太多的思索便能给予答复。但是，这种问句有时会有相当程度的威胁性。

(2) 澄清式发问。这是针对对方的答复，重新提出问题以使对方进一步澄清或补充其原先答复的一种问句。澄清式发问的作用就在于它可以确保谈判各方能在叙述“同一语言”的基础上进行沟通，而且还是针对对方的话语进行信息反馈的有效方式，是双方密切配合的理想方式。

(3) 强调式发问。强调式发问旨在强调自己的观点和本方的立场。

(4) 探索式发问。这是针对对方答复，要求引申或举例说明，以便探索新问题、新方法的一种发问方式。探索式发问不但可以进一步发掘较为充分的信息，而且还可以显示发问者对对方答复的重视。

(5) 借助式发问。借助式发问是一种借助第三者的意见来影响或改变对方意见的发问方式。比如：“某某先生对您方能否如期履约关注吗？”“某某先生是怎么认为的呢？”采取这种提问方式时，应当注意提出意见的第三者，必须是对方所熟悉而且是十分尊敬的人，这种问句会对对方产生很大的影响力；否则，运用一个对方不熟悉且谈不上尊重的人作为第三者加以引见，则很可能会引起对方的反感。因此，这种提问方式应当慎重使用。

(6) 强迫选择式发问。这种问句旨在将本方的意见抛给对方，让对方在一个规定的范围内进行选择回答。运用这种提问方式要特别慎重，一般应在己方掌控充分的主动权的情况下使用。否则很容易使谈判出现僵局，甚至出现破裂。需要注意的是，在使用强迫选择式发问时，要尽量做到语调温柔、措辞达意得体，以免给对方留下专横跋扈、强加于人的不良印象。

(7) 证明式发问。证明式发问旨在通过己方的提问，使对方对问题做出证明或理解。例如：“为什么要更改原已订好的计划？”“请说明道理好吗？”等等。

(8) 多层次式发问。这是含有多种主题的问句，即一个问句中包含有多种内容。例如：“贵国当地的水质、电力资源、运输状况以及自然资源情况怎样？”“您是否就该协议产生的背景、履约情况、违约的责任以及双方的看法和态度谈一谈？”这类问句因含过多的主题而致使对方难以周全把握，许多心理学家认为，一个问题最好只含有一个主题，最多不能超过三个主题，这样才能使对方有效地掌握。当然，在一定的情况下，也可以灵活掌握，比如在发问时可以超过三个以上的主题。

(9) 诱导式发问。这种问句旨在开渠引水，对对方的答案给予强烈的暗示，使对方的回答符合己方预期的目的。

(10) 协商式发问。指为使对方同意自己的观点，采用商量的口吻向对方发问。这种发问，即使对方没有接受条件，谈判的气氛仍能保持融洽，双方仍有继续合作的可能。

2．商务谈判中提问的时机

商务谈判中提问的时机有以下几点：

(1) 在对方发言完毕之后提问。在对方发言的时候，一般不要急于提问。因为打断别人的发言是很不礼貌的，容易引起别人的反感。当对方发言时，要认真倾听。即使发现了对方的问题，很想立即提问，也不要打断对方，可先把发现的和想到的问题记下来，待对方发言完毕再提问。这样不仅反映了自己的修养，而且能全面、完整地了解对方的观点和意图，避免操之过急，曲解或误解了对方的意图。

(2) 在对方发言停顿、间歇时提问。如果谈判中，对方发言冗长，或不得要领，或纠缠细节，或离题太远而影响谈判进程，那么，可以在发言停顿、间歇时提问。这是掌握谈判进程、争取主动的必然要求。

(3) 在议程规定的辩论时间提问。大型的国际商务谈判，一般要事先商定谈判议程，设定辩论时间。在双方各自介绍情况，阐述的时间里一般不进行辩论，也不向对方提问。只有在辩论时间里，双方才可自由的提问，进行辩论。在这种情况下，要事先做好准备，可以设想对方的几个方案，针对这些方案考虑己方对策，然后再提问。在辩论前的几轮谈判中，要做好记录，归纳出谈判桌上的分歧，再进行提问，不问便罢，发问就抓住重点。

(4) 在自己发言前后提问。在谈判中，当轮到自己发言时，可以在谈自己的观点之前，对对方的发言进行提问，不必要求对方回答，而是自问自答。这样可以争取主动，防止对方接过话茬，影响自己发言。在充分表达自己的观点之后，为了使谈判沿着自己的思路发展，通常要进一步提出要求，让对方回答。

3．商务谈判中“问”的要诀

为了获得良好的提问效果，需要掌握以下的发问要诀。

(1) 要预先准备好问题。要预先准备好一些对方不能够迅速想出适当答案的问题，以期收到意想不到的效果。同时，也要预防对方反问。有些经验丰富的谈判人员，往往是提出一些看上去很一般的，并且比较容易回答的问题，而这个问题恰恰是随后所要提出的比较重要的问题的前奏。这时，如果对方思想比较松懈，突然面对所提出的较为重要的问题时往往措手不及，已方便会收到出其不意之效。因为，对方很可能在回答无关紧要的问题时已经暴露其思想，这时再让对方回答重要问题，对方只好自成体系，按照原来的思路来回答问题，或许这个答案正是所需要的。

(2) 要避免提出可能会阻碍对方让步的问题。这些问题会明显影响谈判效果。事实上，这类问题往往会给谈判的结局带来麻烦。提问时，不仅要考虑自己的退路，同时也要考虑对方的退路，要把握好时机。

(3) 不强行追问。如果对方的答案不够完整，甚至回避不答，这时不要强制追问，而是要有耐心和毅力等时机到来时再继续追问，这样做以示对对方的尊重。待时机成熟时，对方自然会回答。在适当的时候，可以将一个已经发生，并且答案也是知道的问题提出来，验证一下对方的诚实程度，以及其处理事物的态度。同时，这样做也可给对方一个暗示，即对整个交易的行情是了解的，有关对方的信息也是充分掌握的。这样做可以帮助进行下一步的合作决策。

(4) 既不要以法官的态度来询问对方，也不要问题不断，这会造成对方的敌对与防范的心理和情绪。因为双方谈判绝对不等同于法庭上的审问，需要双方心平气和地提出和回答问题。另外，重复连续的发问，往往会导致对方的厌倦、乏味而不愿回答；有时即使回答也是马马虎虎，甚至会出现答非所问的现象。

(5) 提出问题后应闭口不言，专心致志地等待对方做出回答。通常的做法是，当提出问题后，应闭口不言，如果对方也是沉默不语，则无形中给对方施加了一种压力。这时，保持沉默，由于问题是由已方提出，对方就必须以回答问题的方式来打破沉默；或者说打破沉默的责任将由对方来承担。

(6) 要以诚恳的态度来提问。当直接提出某一问题时，对方或是不感兴趣，或是态度谨慎而不愿意展开回答，这时可以转换一个角度，并且用十分诚恳的态度来问对方，以此来激发对方回答问题的兴趣。实践证明，这样做会使对方乐于回答，也有利于谈判者感情上的沟通，有利于谈判的顺利进行。

(7) 提出问题的句子应尽量简短。在商务谈判过程中，提出问题的句式越短越好，而由问题引出的回答则越长越好。因此，应尽量用简短的句式来向对方提问。当提问的话比对方回答的话还长时，将处于被动的地位，显然这种提问是失败的。

以上几点技巧，是基于谈判者之间的诚意与合作提出来的，旨在使谈判者更好地运用提问的艺术来发掘问题，获取信息，把握谈判的方向。切忌将这些变成限制谈判者之间为了自己的利益而进行必要竞争的教条。

(三) 回答艺术的运用

有问必有答，人们的语言交流就是这样进行的。问有艺术，答也有技巧。问得不当，不利于谈判；答得不好，同样也会使己方陷入被动。谈判人员对自己所说的每一句话都负有责任，都将被对方认为是一种承诺，这会给回答问题的人带来一定的精神负担和压力。因此，一个谈判人员水平的高低，在很大程度上取决于其答复问题的水平。

通常，在谈判中应当针对对方提出的问题实事求是地正面作答，但是，由于谈判中的提问往往千奇百怪，多是对方处心积虑、精心设计之后才提出的，可能含有谋略、圈套、难测之心。如果对对方所有的问题都正面回答，并不一定是最好的答复，所以，在商务谈判中回答问题之前要注意以下几点。

(1) 要给自己留有思考的时间。在谈判过程中，绝不是回答问题的速度越快越好，因为它与竞争抢答是性质截然不同的两回事。有些人在谈判中对方提问的声音刚落，就急于回答问题。这些人通常有这样一种心理，就是如果对方问话与己方回答之间所空的时间越长，就会让对方感觉对此问题欠缺准备，或以为几乎被问住了；如果回答得很迅速，就显示出已有充分准备，也显示了己方的实力。其实不然，就谈判经验而言，在对方提出问题之后，可通过点支香烟或喝一口水，或调整一下自己坐的姿势和椅子，或整理一下桌子上的资料，或翻一翻笔记本等动作来延缓时间，考虑一下对方的问题。这样做既显得自然、得体，又可以让对方看得见，从而减轻或消除对方对己方的错误感觉。

(2) 针对提问者的真实心理答复。谈判者在谈判桌上提出问题的目的往往是多样的，动机也往往是复杂的，如果在没有深思熟虑，弄清对方的动机之前，就按照常规来做出回答，结果往往是效果不佳。如果经过周密思考，准确判断对方的用意，便可做出一个高水准的回答。

(3) 不要彻底地回答问题，因为有些问题不必回答。商务谈判中并非任何问题都要回答，要知道有些问题并不值得回答。在商务谈判中，对方提出问题或是想了解己方的观点、立场和态度，或是想确认某些事情。对此，应视情况而定，对于应该让对方了解，或是需要表明己方态度的问题要认真回答；而对那些可能会有损己方形象、泄密或一些无聊的问题，谈判者不必为难，不予理睬就是最好的回答，但要注意礼貌。当然，用外交活动中的“无可奉告”一语来拒绝回答，也是回答这类问题的好办法。总之，回答问题时可以自己将提问者的话语范围缩小，或是不做正面回答。例如：对方询问己方产品质量如何，己方不必详细介绍产品所有的质量指标，只需回答其中主要的某几个指标，从而造成质量很好的印象即可。又如：对方对某种产品的价格表示出关心，直接询问该产品的价格。如果彻底回答对方，把价格如实相告，那么，在进一步的谈判过程中，己方可能将陷入被动。所以，应该首先避开对方的注意力。

(4) 逃避问题的方法是避正答偏，顾左右而言他。有时，对方提出的某个问题己方可能很难直接从正面回答，但又不能拒绝回答，逃避问题。这时，谈判高手往往用避正答偏的办法，即在回答这类问题时，故意避开问题的实质，而将话题引向歧路，借以破解对方的进攻。例如：可跟对方讲一些看似与此问题相关实际无直接联系的问题，看上去回答了问题，其实并没有实质性答案。

(5) 对于不知道的问题不要回答。参与谈判的所有人都非全能全知。谈判中尽管准备得很充分，也经常会遇到陌生难解的问题，这时，谈判者切不可为了维护自己的面子而强作答复。因为这样不仅有可能损害自己的利益，而且对自己的面子也是丝毫无补。

(6) 以问代答。以问代答是用来应付谈判中那些一时难以回答或不想回答的问题的方式。此法如同把对方踢过来的球又踢了回去，请对方在自己的领域内反思后寻找答案。例如：在商务谈判工作进展不是很顺利的情况下，其中一方问对方："您对合作的前景怎么看？"这个问题在此时可谓十分难回答，善于处理这类问题的对方可以采取以问代答的方式："那么，您对双方合作的前景又是怎样看的呢？"这时双方自然会在各自的脑海中加以思考和重视，对于打破窘境会起到良好的作用。商务谈判中运用以问代答的方法，对于应付一些不便回答的问题是非常有效的。

(7)"重申"和"打岔"有时也很有效。商务谈判中，要求对方再次阐明其所问的问题，实际上是为自己争取思考问题时间的好办法。在对方再次阐明其问题时，己方可以根本不去听，而只是考虑如何做出回答，当然，这种心理不应让对手有所察觉，以防其加大进攻的力度。

有人打岔那将是件好事，因为这可赢得更多的时间来思考。在有谈判经验的国家里，有些富有谈判经验的谈判人员估计到谈判中会碰到某些自己一时难以回答而又必须回答的、出乎意料的棘手问题，于是，为了赢得更多的时间，就事先在本组内部安排好某个人，专门在关键时间打岔。打岔的方式有多种多样，比如借口外面有某某先生电话，有某某紧急的文件要某某先生出来签个字，等等。有时，回答问题的人自己可以借口去洗手间方便一下，或去打个电话等来拖延时间。

总之，在实际谈判中，回答问题的要诀在于知道该说什么和不该说什么，而不必考虑回答的问题是否切题。谈判桌上的双方在各自的实力基础上斗智斗勇。在回答问题时要有艺术性和技巧，谈判人员才会在谈判中如鱼得水。

（四）辩论艺术的运用

辩论在商务谈判中是经常发生的，辩论的目的是为了争取己方的利益。由于辩论具有辩者双方相互依赖、相互对抗的两重性，是人类思维艺术和语言艺术的综合运用，又具有较高的技巧性，因此，要在合作的基础上多角度、多层次地进行辩论。

1．辩论中观点明确，立场坚定

谈判中"辩"的目的，就是论证己方的观点，反驳对方的观点。论辩的过程就是通过摆事实，讲道理，说明己方的观点和立场。为了能更清楚地论证己方的观点和立场的正确性和公正性，在辩论时要运用客观材料以及所有能够支持己方论点的证据，增强己方的辩论效果，反驳对方的观点。

2．辩论中思路敏捷、严密，逻辑性强

商务谈判中的辩论，往往是在双方进行磋商的过程中遇到问题时才发生的。一个优秀的辩手，应该头脑冷静、思维敏捷、论辩严密且富有逻辑性，只有具有这种素质的人才能应付各种各样的困难，摆脱困难。任何成功的辩论，都具有辩路敏捷、逻辑性强的特点。特别是在谈判条件相当的情况下，谈判人员在相互辩驳的过程中只有沉着应战、反应灵敏，才能在谈判中立于不败之地。

3．辩论中掌握大原则，不纠缠细枝末节

在辩论过程中，要有战略眼光，掌握大的方向和原则。辩论过程中不要在枝节问题上与对方纠缠不清，但在主要问题上一定要集中精力，把握主动。在反驳对方的错误观点时，要能够切中要害，做到有的放矢。

4．辩论中掌握好进攻的尺度

辩论的目的是要证明己方的立场、观点的正确性，反驳对方的立场、观点上的不足，以便能够争取有利于己方的谈判结果。切不可认为辩论是一场对抗赛，必须置对方于死地。因此，辩论时应掌握好进攻的尺度，一旦已经达到目的，就应适可而止，切不可穷追不舍，得理不饶人。在商务谈判中，如果对方被己方逼得走投无路，陷入绝境，则往往会产生更强的敌对心理，甚至反击的念头也更强烈，这样即使对方暂时可能认可某些事情，事后也不会善罢甘休，最终会对双方的合作不利。

5．辩论的态度客观公正，措辞准确严密

文明的谈判准则要求：不论辩论双方如何针锋相对，争论多么激烈，谈判

双方都必须以客观公正的态度，准确的措辞，切忌用侮辱诽谤、尖酸刻薄的语言进行人身攻击。如果某一方违背了这一准则，其结果只能是损害自己的形象，降低其谈判质量和谈判实力，不会给谈判带来丝毫帮助，反而可能置谈判于破裂的边缘。

6. 对辩论中的优势与劣势处理得当

在商务谈判的辩论中，双方可能在某一阶段一方占优势、一方占劣势，可过一阶段又出现情况逆转。当处于两种不同状态时，就必须处理好辩论中的优劣势，这是衡量谈判人员是否合格的一个条件。当处于优势状态时，谈判人员要注意利用优势，并注意借助语调和手势的配合，渲染己方的观点，以维护己方的立场，切忌当己方处于优势时，表现出狂妄、放纵和得意忘形的姿态。须知，谈判中的优势和劣势是相对而言的，而且是可以转化的。相反，当处于劣势时，要记住这是暂时的，应沉着冷静，从容不迫，既不可泄气，又不可沮丧、泄气、慌乱不堪，因为这样对于挽救己方的劣势是毫无帮助的。在劣势状态下，只有沉着冷静，积极寻找对策，保持己方阵脚不乱，才会对对方的优势构成潜在的威胁，从而使对方不敢贸然进犯。

7. 辩论中要体现良好的举止和气度

在辩论中，一定要注意个人的举止和气度。有些行为，如语调高亢、指手画脚等等，都是没有气质的表现，更无气度可言。辩论中良好的举止和气度，不仅会在谈判桌上给人留下良好的印象，而且在一定程度上可以促进谈判气氛的健康发展。一个人良好的形象有时会更有力。

(五) 说服技巧的运用

美国语言学家、哈佛大学教授约克·金说过：“生存，就是与社会、自然进行的一场长期谈判，获取自己的利益，得到应有的最大利益，这就看怎么把它说出来，怎么说服对方了。”从这种程度上讲，谈判的过程也就是口才较量的过程，因此，要想获得谈判的成功，就必须掌握各种口才技巧。说服技巧也是口才技巧的一种。

说服是商务谈判中很重要的工作，它常常贯穿于谈判的始终。谈判者在谈判中能否说服对方接受自己的观点，以及应当怎样说服对方，从而促成谈判的和局，就成了谈判能否最后成功的一个关键。

因此，一个谈判者只有掌握了高明的说服技巧，才能在变幻莫测的谈判过程中左右逢源，达到自己的目标。

1. 谈判中替他人着想，取得对方信任

站在他人的角度设身处地谈问题，不要只说自己的理由。要说服对方，就要考虑到对方的观点或行为存在的客观理由。要站在对方的角度设身处地谈问题，即为对方想一想，从而使对方产生一种“自己人”的感觉。这样，对方就会消除戒心和成见，便会得到信任，从而说服效果也会十分明显。

2. 谈判需要寻找共同点

在商务谈判中，以双方共同感兴趣的问题为跳板，往往是说服对方的一种有效方法。在人与人的交往中，首先应求同，然后随着谈话的深入，即使是素不相识的人，也会发现越来越多的共同点。商务谈判更是如此。在谈判中双方是本着合作的目的走到一起来的，共同的话题本来就很多。

随着谈判的进展，双方就会越来越熟悉，在某种程度上也会感到比较亲近。这时，心里的疑虑和戒心便会减轻，从而也就便于说服对方，对方也容易相信和接受己方的看法和意见。

寻找共同点可以从以下几个方面入手：

(1) 寻找双方工作上的共同点。例如：共同的事业，共同的追求，共同的目标，等等。

(2) 寻找双方在生活方面的共同点。例如：共同的国籍，共同的生活经历，共同的信仰，等等。

(3) 寻找双方兴趣、爱好上的共同点。例如：共同喜欢的电视剧、体育比赛、国内外大事，等等。

(4) 寻找双方共同熟悉的第三者，作为共同的媒介。

3. 谈判要运用经验和事实进行说服

在说服艺术中，运用历史经验或事实去说服别人，无疑比那种直截了当地说一番大道理要有效得多。善于劝说的谈判者都懂得人们做事、处理问题都是受个人的具体经验影响的，抽象地讲大道理的说服力远远比不上运用经验和例证去进行劝说。

4. 注意说服用语和措辞

在商务谈判中，欲说服对方，用语一定要推敲。说服用语要朴实、亲切、富有感召力，不要过多地讲大道理。事实上，说服他人时，用语的色彩不一样，说服的效果就会截然不同。通常情况下，在说服他人时要避免用“愤怒”“怨恨”“生气”或“恼怒”这类字眼。即使在表述自己的情绪时，比如像担心、失意、害怕、

忧虑等等，也要在用词上进行推敲，这样才会收到良好的效果。切忌用胁迫或欺诈的手法进行说服。

第三节　现代商务谈判中语言的实践应用

商务谈判人员要想在全局上控制住整个谈判，同时又能正确处理好谈判过程中出现的诸多问题，就必须把握好谈判过程中的各个阶段，了解和掌握每个阶段的主要工作和语言应用技巧与策略。在实际商务谈判中，从谈判双方见面商议开始，到最后成交为止，整个过程呈现出一定的阶段性，具体表现为开局阶段、磋商阶段、达成协议阶段三个主要阶段。

一、谈判开局阶段的语言应用

开局阶段主要是指谈判双方见面后，在进入具体实质性交易内容讨论之前，相互介绍、寒暄以及就谈判内容以外的话题进行交谈的那段时间和过程。中国有句俗话：“好的开端是成功的一半。”开局阶段是为整个谈判奠定基调的阶段。在商务谈判中，由于谈判开局是双方刚开始接触的阶段，因而，谈判开局的成功与否对谈判能否顺利进行关系极大，它不仅决定着双方在谈判中的力量对比，决定着双方在谈判中采取的态度和方式，同时也决定着双方对谈判局面的控制，进而影响着谈判的结果。

（一）良好气氛的营造

谈判气氛是谈判双方之间的相互态度，它能够影响谈判人员的心理、情绪和感觉，从而引起相应的反应。任何谈判都是在一定的气氛中进行的，而且谈判气氛伴随着谈判的始终。因此，营造一个轻松、和谐的谈判气氛，并利用谈判气氛有效地促进谈判结果朝着有利于自己的方向发展，这是至关重要的。为了营造一个合作的良好气氛，谈判人员应该把握以下四个方面的技巧。

1. 多设想谈判对方的情况

谈判前，谈判人员安静下来，再一次设想谈判对方，想一想即将见面的情况：谈判对方是什么样的人？若是从未见过面的人，则可根据已掌握的情况来设想一下他的工作和个人生活有什么特点，他需要什么，他在企业中处于什么地位，他属于哪种类型的人，是心胸开阔、慷慨大方，还是小心谨慎，锱铢必较。

2. 寻找双方的共同语言

双方一见面，往往首先互致问候，开始某种形式的对话，接着会纷纷落座开始交谈。洽谈开始时的话题最好是闲聊的、非业务性的，以便双方找到共同语言。这方面的话题主要有三个方面。

(1) 会谈之前各自的经历，曾经到过的一些地方，结交过的人物等，也可能涉及社会新闻、文艺演出、体育赛事甚至早上广播的新闻摘要。这方面内容的多少往往取决于谈判人员的社会阅历和知识面。

(2) 来自谈判人员的私人问候。表现出真正关心他人的情况，不带任何胁迫的语调，往往从问好开始，围绕私人问候的话题，涉及个人休息、娱乐、身体状况、饮食习惯等等。私人问候是拉近与对方的距离，发展友谊关系的必不可少的内容。

(3) 回忆以往的交往与合作。对于彼此有过交往的，可以先叙谈一下以往的共同经历和合作的感觉，表达对对方的谢意或歉意，给对方留下一个良好的“第一印象”，为创造一个轻松愉快的气氛打下基础。

3. 动作要自然得体

动作和手势对谈判气氛有重要影响。举止要自然得体、落落大方，不要矫揉造作。特别值得注意的是：由于各国风俗习惯不同，对各种动作的反应也不同。应事先了解对方的背景、性格特点，区别不同的情况，采用不同的形体语言。

4. 表情轻松自信

表情语言是无声的信息，是内心感情的表露。心理学家认为，谈判人员心理的微妙变化都会通过目光而表现出来。谈判人员要时刻注意自己的表情，通过表情和眼神来表示自信、友好、合作的愿望。总之，谈判人员要善于运用灵活的技巧来营造良好的谈判气氛，彼此尊重，增强彼此间的沟通和信任，创造一种诚挚、轻松、和谐的融洽气氛，建立起友好关系，才能使谈判获得理想的结果，并最终把谈判推向成功。

(二) 精妙的开场陈述

在谈判的开局阶段，谈判双方除了要尽力营造良好的谈判气氛外，还有一个重要的任务，就是开场陈述。所谓开场陈述，即双方分别阐明自己对有关问题的看法和基本原则，开场陈述的重点是己方的利益，但它不是具体的，而是原则性的，简明扼要地把对几个问题的主见提出来。开场陈述一般包括陈述的内容、表达的方式、对对方建议的反应以及倡议四个方面。

1．陈述的内容

所谓陈述内容是指洽谈双方各自的观点和立场。每一方都要独立地把自己的观点做一个全面的陈述，并且要给对方以充分搞清己方意图的机会，然后听取对方的全面陈述，并弄清对方的意图。在陈述自己的观点时，要采取横向铺开的方法，而不是深谈某一个问题。开场陈述的内容通常包括：

(1) 己方对问题的理解，即认为这次会谈应涉及的问题；

(2) 己方的利益，即己方希望通过洽谈取得的利益；

(3) 己方的首要利益，阐明哪些方面是至关重要的；

(4) 己方可向对方做出的让步和商谈事项，己方将采取何种方式为双方共同获得利益做出贡献；

(5) 己方的立场，包括双方以前合作的结果，己方在对方心中所享有的信誉，今后双方合作中可能出现的好机会或障碍。

2．陈述的方式

陈述的方式即如何表达，应该是能够加强已经建立起来的协调的洽谈气氛。在语言用词和态度上，要尽量轻松愉快，具有幽默感，减少引起对方焦虑、不满和气愤的可能。否则，只会使对方产生敌意，筑起一道防御之墙，丧失对方原来可能协助或支持自己的机会。结束语也需要特别斟酌，其要求是表明己方陈述只是为了使对方明白己方的意图，而不是向对方挑战，或强加给对方，要其接受。把对方视为回音壁，注意对方对自己的陈述有何反应，并寻找出对方的目的和动机与己方的差别。

3．对对方建议的反应

对于对方的开场陈述，己方要做到：一是倾听，听的时候不要把精力花在寻找对策上；二是要搞懂对方陈述的内容，如果有什么不清楚的地方，可以向对方提问；三是要善于归纳，要善于思考理解对方陈述的关键问题。

4．倡议

洽谈双方分别陈述之后，需要做出一种能把双方引向寻找共同利益的陈述，即倡议。倡议时，双方提出各种设想和解决问题的方案，然后再在设想和符合双方商业标准的现实之间，搭起一座通向成交道路的桥梁，双方需要判断哪些设想、方案更具现实性和可能性。这样，一方从另一方的倡议中得到启发，促进双方共同合作，使成交前景渐趋明朗。

二、谈判磋商阶段的语言应用

谈判的磋商阶段是指随着谈判开局阶段任务的完成和议题深入的中心阶段，即指谈判开始之后到谈判终局之前，谈判各方就实质性事项进行商讨的全过程。磋商阶段不仅是谈判主体间的实力、智力和技术的具体较量阶段，而且也是谈判主体间求同存异、合作谅解、让步妥协的阶段。商务谈判磋商阶段在程序上主要包括报价、讨价与还价、谈判僵局和让步四个方面。

（一）商务谈判磋商阶段的报价

交易谈判的报价是不可逾越的阶段，只有在报价的基础上，双方才能进行讨价还价。这里的报价不仅仅是指商品的价格，而是泛指谈判一方向谈判对方提出的所有要求，包括商品的质量、数量、价格、包装、运输、保险、支付、商检、索赔、仲裁等各项交易条件，其中价格条款最为显著、地位最为重要。

1. 先后报价的利弊分析与技巧

在商务谈判中，究竟是先报价有利？还是后报价有利？实践证明，先报价、后报价各有利弊。

在商务谈判中，不管是出于自愿、主动，还是应对方的请求，总要有一方先报价。先报价的好处在于能影响、制约对方，先报的价格为以后的讨价还价树立了一个界碑，实际上等于把对方的期望限定在一个特定的范围内，为谈判划定了一个框架或基准线，最终谈判将在这个范围内达成。

后报价的利弊似乎正好和先报价相反。其有利之处在于，对方在明处，自己在暗处，可以根据对方的报价及时修改自己的策略，以争取最大的利益。

先报价和后报价都各有利弊。谈判中是决定“先声夺人”还是选择“后发制人”，一定要根据不同的情况灵活处理。一般来说，如果准备充分、知己知彼，就要争取先报价；一些己方占有绝对优势的谈判，如拥有谈判地位的产品，拥有多角谈判的选择性等，己方率先报价能够进一步强化优势，主导谈判；如果不占优势，就要沉住气，后报价，从对方的报价中获取信息，及时修正自己的想法。

2. 报价遵循的原则

卖方希望卖出的商品价格越高越好，而买方则希望买进的商品价格越低越好。但是，一方的报价只有在被对方接受的情况下才会产生预期的结果，才可能使买卖成交。这就是说，价格水平的高低，并不是由任何一方随心所欲地决定的，它要受到供求、竞争以及谈判对手状况等多方面因素的制约。因而，谈判一方向另一方报价时，不仅要考虑报价所获利益，还要考虑报价能否被对方接受，即报价能否成功的概率。因此，报价的基本原则就是：通过反复比较和权衡，设法找出价格所带来的利益与被接受的成功率之间的最佳结合点。

具体来说，报价应遵守以下几个原则：

(1) 对卖方来讲，开盘价必须是“最高的”。相应地，对买方而言，开盘价必须是“最低的”。这是报价的首要原则。

(2) 开盘价必须合乎情理。开盘价要报得高一点，但绝不能漫天要价、毫无依据，而应该合乎情理。如果报价过高又讲不出道理，对方会认为缺乏谈判的诚意而中止谈判；或者以其人之道还治其人之身，这样即使已将交易条件降到比较公平的水平，对方仍会认为尚有余地而穷追不舍。

(3) 报价要坚定、明确、完整，不加解释和说明。开盘报价要坚定而果断，没有保留，这样才能给对方留下己方是认真而诚恳的印象。吞吞吐吐，必然会导致对方不信任。同时，不要主动解释说明，这样也会让对方找出破绽和突破口。要做到不问不答，有问必答，避实就虚，能言不书。

当然，报价还应考虑当时的谈判环境和与对方的关系状况，如果有较长的合作关系，那么报价应该稳妥一些，出价过高，有损双方的合作关系；如果有很多竞争对手，那就必须把价压低到至少能受到邀请而继续谈判的程度。

3. 报价遵循的策略

双方只有在报价的基础上才能进行讨价还价。报价之所以重要，就是因为报价对讨价还价乃至整个谈判结果产生着实质性的影响。基于这一点，把报价作为策略来研究。

(1) 吊筑高台。吊筑高台策略是指卖方提出一个高于本方实际要求的谈判起点来与对方讨价还价，最后再做出让步达成协议的谈判技巧。

卖方在报价时，首先提出留有较大虚头的价格，然后根据谈判双方的实力对比和该项交易的外部竞争状况，通过给予各种优惠，如数量折扣、价格折扣、佣金和支付条件等方面的优惠，来逐步接近买方的条件，建立起共同的立场，最终达到成交的目的。这种方式与前面提到的有关报价原则是一致的，只要能稳住买方，使之就各项条件与卖方进行磋商，最后的结果往往对卖方是比较有利的。吊筑高台普遍为欧洲国家厂商所采用，所以这种策略也叫欧式报价。

(2) 抛放低球。抛放低球策略是指先提出一个低于本方实际要求的谈判起点，以让利来吸引对方，试图先用价格优势来击败竞争对手，然后再与买方进行真正的谈判，迫使买方让步以达成自己的目的。这种策略也叫日式报价，当己方面临众多外部对手时，这是一种比较有艺术的报价方式。一方面，可以排斥竞争对手而将买方吸引过来，取得竞争中的优势和胜利；另一方面，当其他卖主败下阵来纷纷走掉之后，买主原有的买方市场优势不复存在了，从一对多变成了一对一，双方谁也不占优势，而买主这时想要满足己方的全部需求就只好任卖主一点一点地把价格抬高才能实现了。

(3) 除法报价法。除法报价法是一种价格分解术，以商品的数量或使用时间等概念为除数，以商品价格为被除数，得出一种数字很小的价格商，使买主对本来不低的价格产生一种便宜、低廉的感觉。

(二) 商务谈判磋商阶段的讨价还价

讨价还价是谈判中最活跃、最复杂的阶段。一般而言，当谈判一方报价之后，另一方不会无条件地接受对方的报价，而是要进行一场激烈的较量。在这一阶段，谈判室内唇枪舌剑、异彩分呈，双方的智慧和谈判技巧在这里得到了充分展现。

1. 讨价阶段

讨价指谈判中的一方首先报价之后，另一方认为离自己的期望目标太远，而要求报价方改善报价的行为。这种讨价要求既是实质性的也是策略性的。其策略性作用是误导对方对己方的判断，改变对方的期望值，并对己方的还价做准备。

讨价的方式有以下几种：

(1) 全面讨价，即对总体价格和条件的各个方面要求重新报价。它常常用于评论之后的第一次报价，或者较复杂交易的第一次报价。正式磋商阶段开始，双方一般从总体的角度去压价，笼统地提要求，不露己方掌握的准确材料。

(2) 具体讨价，即对分项价格和具体的报价内容要求重新报价。它常常用于对方第一次改善价格之后，或不宜采用全面讨价方式的讨价。如对虚头较少、内容简单的报价，在评论完毕后即可进入有针对性的、要求明确的讨价。在第一次改善价格后的讨价时，"具体"的要求在于准确性与针对性，而不在于"全部"将自己的材料都暴露出来。在实际操作中，是将具体的讨价内容分成几类，分法可以按内容分，如商务谈判中的购买设备可分为设备备件、技术、资料等；也可以按报价的虚头大小分，可分成大、中、小三类。分类的目的是要体现"具体性"，即具体问题具体分析。实际讨价一般从虚头大的那一类着手进行。

在讨价过程中，可以将两种方式结合使用，也可以分阶段式地讨价，不同的阶段采用不同的讨价方式，一般可以分为三个阶段。第一阶段，由于讨价刚开始，对卖方价格的具体情况尚欠了解，因而，讨价的方法是全面讨价，即要求对方从总体上改善报价。第二阶段，讨价进入具体内容，这时的讨价方法是针对性讨价，即在对方报价的基础上，找出明显不合理，虚头、水分大的项目，针对这些不合理的部分要求改善报价。第三阶段，是讨价的最后阶段，讨价方法又是全面讨价，因为经过针对性讨价，含水分大的项目已降下来，这时只能从总体上要求对方改善价格。

除了讨价方式还要注意讨价时的态度。讨价要对事不对人，对人和蔼，对事坚决。要注意采用循序善诱的方法，启发对方，诱使对方降价，并为还价做准备。如果在讨价阶段采用不适当的方式，则会使谈判过早陷入僵局，而于结果不利。因此在初期、中期的讨价即还价前的讨价中应保持平和信赖的气氛，充分说理以求最大的收益。在这个阶段，报价方通常会寻找一些遁词来作为改善价格的理由，如“算错了”“内部调整”等等，对于报价方寻找这些无论有无逻辑的理由来作为自己调价的借口，己方都应该欢迎，鼓励降价，而不应揭穿或取笑。

关于讨价还应该注意以下两点：

(1) 若首次讨价，就能得到对方改善报价的反应，这就说明对方报来的价格中所含的虚头和水分较多，或者表明对方急于促成交易的心理。但一般来说，报价者都会固守自己的价格立场，不会轻易降价。

(2) 即使报价方做出改善的反应，还要分析其让步是否具有实质性内容。只要没有实质性改善，讨价方就应继续抓住报价中的实质性内容或关键的谬误，盯住不放。同时，依据对方的权限、成交的决心、双方实力对比及关系好坏，判定或改变讨价策略，进一步改变对方的期望。

2．还价阶段

所谓还价，是指谈判一方根据对方的报价和自己的谈判目标，主动或应对方要求提出自己的价格条件。如果说报价划定了讨价还价范围的一个边界的话，那么，还价将划定与其对立的另一条边界，双方将在这两条边界所规定的界区内展开激烈的讨价还价。还价的目的不是仅仅为了提供与对方报价的差异，还为了向双方互利性的协议靠拢。

还价要遵循以下基本原则：

(1) 做好还价前的各项准备工作。还价不是一种简单的压低价格的行为。它必须建立在市场调查与“货比三家”的基础之上。如掌握标的物(交易物)市场供应和价格状况及发展趋势、标的物质量等各项技术指标、世行竞争情况等，以确保还价具有一定的科学依据。

(2) 澄清对方报价的确切含义。有经验的谈判人员在接到对方报价后，不是急于要求对方解释为什么如此报价，而是要澄清对方报价的事实，使自己确切明白对方报价究竟是什么含义，而且要准确无误。当情况基本了解后，还应该把自己对对方报价的理解进行归纳总结，并加以复述，以保证还价时的准确性和严肃性。

(3) 牢记目标。谈判中的讨价还价是反复进行的，因此要时刻判断讨价还价的幅度与进展离自己的成交价目标还有多远。有时还价者可以只记自己手中有多少底牌(预算)，或以数额，或百分比；有时也可以记住对方再降多少数额或百分比，才能进入自己的预期范围。这样，可以使还价者有的放矢，反应迅速，信心十足。

(4) 统筹兼顾。还价不能只把目光集中在价格上，应当把价格与技术、商务等各方面的数字、条件和资料联系起来，并把所有的条件作为还价的进退交换筹码。这样，会使还价更富有实际意义，领域更广泛，同时，也会缓解还价的难度与矛盾。

(5) 松紧适宜，尤其是不能过松。还价是维系双方交易命运的绳索，如果过紧，可能会使对方感到缺乏诚意，愤然退出谈判；如果过松，可能会招致对手的紧逼，使自己毫无退路，处于被动地位。一般来说，应谨慎出数，适当从严从紧还价，以掌握谈判的主动权。

(6) 集中统一。由于还价既有技术问题，又有策略问题，如果缺乏协调，还价一方的各个成员稍有不慎，就会出现矛盾，进而影响还价的权威性与严肃性。因此，还价既要按策略进行，又要使还价集中统一。

在还价中，谈判者要确保自己的利益要求，就必须采用不同的方式。

首先，以价格为依据。谈判还价的方式从价格评论的依据出发，有按分析比价还价和按分析成本还价两种。

(1) 按分析比价还价是指己方不了解所谈产品本身的价值，而以其相近的同类产品的价格或竞争者产品的价格做参考进行还价。这种还价的关键是所选择的用作对比产品的科学性，只有比价合理时才能使对方信服。

(2) 按分析成本还价是指己方能计算出所谈产品的成本，然后以此为基础再加上一定百分比的利润作为依据进行还价。这种还价的关键是所计算成本的准确性，成本计算得越准确，谈判还价的说服力越强。

其次，以项目为依据。按谈判中每次还价项目的多少，谈判还价方式有单项还价、分组还价和总体还价三种。

(1) 单项还价是以所报价格的最小项目还价，如：对成套设备，按主机、辅机、备件等不同的项目还价。

(2) 分组还价是指把谈判对象划分成若干项目，并按每个项目报价中所含水分的多少分成几个档次，然后逐一还价。

(3) 总体还价即一揽子还价，是指不分报价中各部分所含水分的差异，均按同一百分比还价。

在选定了还价的方式以后，最关键的问题就是确定还价的起点。还价的起点是买方第一次公开报出的打算成交的条件，其高低直接关系到自己的利益，也反映出谈判者的谈判水平。因此，还价起点的总体要求是：

(1) 起点要低，力求使自己的还价给对方造成压力，影响或改变对方的判断。

(2) 接近目标。还价的起点要低，但又不能太低，还价起点的高度必须接近对方的目标，使对方有接受的可能性。

还价起点的确定，从原则上讲，是既要低，但又不要太低，要接近谈判的成交目标。

从量上讲，谈判起点的确定有三个参照因素，即：双方价格差距、标的物的客观成本及还价次数。

(1) 双方价格差距。它是指报价方的重新报价与还价方的期望成交之间的差距。从理论上讲，还价起点应在还价方最大预算价之内，这是基本点，但不是唯一点，因为预算价不一定反映交易物的成本。

(2) 交易物的客观成本。它通常由两部分构成：消耗成本与营业利润指标。还价方还价的核心问题是能否把握报价人的客观成本在何价位。

(3) 还价次数。还价次数取决于谈判双方手中回旋余地的多少和每次让步幅度的大小。如回旋余地大，每次让步幅度小，还价次数自然就多，反之则少。当然，还价次数要视具体情况而定。

3．讨价还价的方法策略

作为谈判中最活跃、最复杂的阶段，讨价还价有自己的方法可寻。

(1) 运用“投石问路”策略。投石问路是指谈判者不知对方的虚实，在谈判中利用一些对对方具有吸引力或突发性的课题同对方交谈，或是通过所谓的谣言，或有意泄密等手段，捉摸和探测对方的态度和反应，了解对方情况的战略战术，可以尽可能多地了解对方的打算和意图。

(2) 利用竞争策略。在一些价格构成比较复杂的商品或大型劳务工程项目谈判中，还价一方为了争取最有利的价格和成交条件，可充分利用或制造对手竞争的局面。例如，采用“货比三家”的技巧，使卖方主动地做出价格解释，证明其报价及交易条件的合理性，这比单一的还价要有力；再如，在工程项目发包中，采用“招标”的方法，使各承包商为了战胜竞争对手，争取中标，除了提高工程质量外，还要尽量压低工程报价。

(3) “白脸”“黑脸”策略。“白脸”“黑脸”策略是指在谈判中以两个人分别扮演“白脸”和“黑脸”的角色，或一个人同时扮演这两种角色，使谈判进退更有节奏。这里的“黑脸”是强硬派，在谈判中态度坚决，咄咄逼人，几乎没有商量的余地；“白脸”则是温和派，拿“黑脸”当武器压对方，与“黑脸”积极配合，尽力撮合双方合作，促使达成于己方有利的协议。

(4) 战略拖延策略。商务谈判中的拖延战术，形式多样，目的也不尽相同。由于它具有以静制动、少留破绽的特点，成为谈判中常用的一种战术手段。

(5) 价格蚕食策略。价格蚕食策略往往被运用在谈判的后期，这个时候双方的业务关系大致已经确定，价格蚕食策略往往使已经同买主达成的交易锦上添花，另外也可以用它来实现在价格谈判中没有完成的一些利益要求。这个策略的核心思想就是在价格谈判中尽可能多地追加一些利益，或者是请求再完成其他对己方有利的交易，从而达到削弱对方要价的目的。所以，在谈判中先让对方的要求通过，然后再回过头来追加要求。高手总会考虑进行蚕食的可能，会巧妙地抓住对方压力有所缓解且因谈判将要成功而大舒一口气的机会，蚕食对方。

(6) 最后出价策略。最后出价策略是指谈判一方给出了一个最低的价格，告诉对方不准备再进行讨价还价了，要么在这个价格上成交，要么谈判破裂。

值得注意的是，最后出价容易把对方逼到“不成功，便成仁”的境地，造成双方对抗，导致谈判破裂。一般说来，商务谈判中谈判者往往不愿意中断谈判。因为任何一个谈判人员都明白，市场经济的竞争非常激烈，一旦自己退出了谈判，就会有许多的竞争对手加入到谈判中去，取代自己的位置。所以，在商务谈判中，使用最后出价战术时往往是慎而又慎的。

最后出价除非是占据特别有利的地位的时候才迫不得已使用的策略。使用这一策略的时候要注意：

1) 要考虑谈判的环境。最后出价策略的使用需要有一定的情境，而不是谈判到了最后阶段就一定要使用的策略。

2) 要灵活使用。最后出价策略也可以非常灵活地运用，而不是必须规定一个不可变化的底线。

3) 需要掌握谈判时机，要在关键时刻给出最后价格。如果真的让对方知道有个期限，那么，一般来说对方会使用拖延战术使己方处于不利地位。如果发现对方很希望做成这笔生意，那不妨使用最后出价策略，配合使用最后通牒策略，给对方一个最后期限。

4) 出奇制胜。最后出价策略的使用可以在出乎对方意料之外的时机提出，而且也要让这个最后的价格出乎对方的意料之外，让对方措手不及，使最后出价策略发挥最大的作用。

(三) 商务谈判磋商阶段的谈判僵局

1. 商务谈判僵局的处理原则

首先，态度诚恳冷静，语言中肯。在谈判中会出现形形色色的反对意见，这些反对意见有相当一部分是不合理的。谈判者在面对反对意见时，要注意区别对待。在回答这些不合理的反对意见时，绝不能用针锋相对的愤怒的口吻来反驳，而是应该态度冷静、诚恳，解释时语言要适中，既不多讲，也不寡言冷漠。这样可以减轻对方的负担，满足对方自尊心的需要，而且可以在倾听对方意见的基础上探出对方的动机和真实目的，为制定对策做准备，同时亦应将自己的看法和对方意见的不实之处反馈给对方，从而形成谈判的对等局面。

其次，防止变争论为争吵。谈判是智力的角逐，又是感情的交流，绝不可为观点分歧而发生争吵。当谈判中的分歧较大时，双方都会不同程度地流露出各自的真实感情，即使在理智的控制下，言谈都难免会出现一些冷嘲热讽的现象，甚至发生情绪上的对立。因此，谈判者必须要有较强的自控能力，防止变争论为争吵，不要为观点分歧的争论而出言不逊，要注意言语的委婉性、艺术性，以充分的理由来强化说服力，同时注意对方的情绪变化，分析其心理状态，因势利导，寻求解决分歧的途径，使谈判得以顺利进行。

最后，协调好双方的利益。当双方在同一问题上发生尖锐对立，并且各自理由充足，均既无法说服对方，又不能接受对方的条件，从而使谈判陷入僵局时，应认真分析双方的利益所在，只有平衡好双方的利益才有可能打破僵局。让双方从各自的目前利益和长远利益两个方面来看问题，使双方的目前利益、长远利益做出调整，寻找双方都能接受的平衡点，最终达成谈判协议。如果双方都追求目前利益，可能都失去长远利益，这对双方都是不利的。只有寻求共同的利益，考虑自己的利益同时也要兼顾对方的利益，这样才能使双方有谈判的基础，才能保证谈判的顺利进行。

2. 商务谈判僵局的处理方法与策略

出现谈判僵局的时候，可以参考以下方法：

(1) 站在对方的立场上说服对方。说服，就是以充分的理由和事实使对方认可。但是，在商务谈判中，仅有充分的理由和事实并不一定能使对方信服。为此，当谈判中一方坚持固有意见不变时，要使说服有实效，除了有无可辩驳的证据和严密的推理外，还必须使对方的需要得到一定的满足。所以，要站在对方的立场上去讲清道理，使对方确实感到原来所坚持的意见必须改变才行，以扭转谈判的僵局。

(2) 运用幽默。幽默是紧张情境中的缓冲剂。在谈判中，当谈判出现沉闷的征兆时，恰当地运用幽默，信手拈来极具诙谐的话语，使谈判者在紧张中忘情地一笑，心理上得到享受，精神为之一振，可以调节气氛，收到意想不到的效果。

在谈判中运用幽默，可以使谈判气氛轻松活跃，提高双方人员谈判或继续谈判的兴致，或者至少可以缓解紧张情绪；可以使冷淡、对立、紧张、一触即发的谈判气氛变为积极、友好、和谐的谈判气氛；可以使对方不失体面地理解、接受己方的观点；可以帮助己方巧妙地摆脱所处的不利地位，转而处于有利或稍微有利的地位；可以促使对方认同自己的态度，为进一步谈判打下良好的基础。

(3) 走为上策。在僵持阶段，走开是另一种策略。特别是在出乎预料的时候，突然离席会令对方吃惊，并让留在现场的一方非常沮丧，它使未来的状况模糊不清，不可预测。假如双方正在就某一问题进行谈判，谈判进行到实质性阶段，双方争执不下，气氛紧张，出现僵局。这时，对方突然离席。这一举动使己方很不安，己方应冷静分析目前的状况：对方是否因为愤怒而离开？对方的离开会不会导致谈判破裂？如果谈判破裂，己方是否要采取和解性行动恢复谈判？……在谈判中，暂时躲避对方，常能使对方不安。通常，买方较卖方容易躲避对方，而卖方由于害怕买方因此中断生意往来，比较不容易躲避。被躲避的一方通常会寻找适当的途径来重新谈判。

(4) 示弱取胜。中国有句古话："大智若愚"。在商务谈判中，表现得非常能干、果断、敏捷、博学或者理智的人并不见得就会大获全胜，而那些看来好像愚笨，不露锋芒的人，说不定才是真正的大智者，才能得到对方更多的让步和更好的价格。

(四) 商务谈判磋商阶段的让步

谈判本身是一个理智的取舍过程。如果没有舍，也就不能取。一个高明的谈判者除了知道何时该抓住利益外，还要知道何时放弃利益。任何谈判都不是一锤定音的，不论是对买方还是卖方而言，让步都是达成有效协议所不得不采取的步骤，但是怎样让步就有很大的学问了。如何才能达到退一步、进两步的良好效果？如何才能以很小的让步换得对方更大的让步而且让对方心满意足地接受？如何有效地运用好让步这根杠杆，就是这里所要讨论的让步的原则与策略技巧。

1. 商务谈判磋商的让步原则

谈判中的让步虽是谋取利益的手段，但有必要与没必要，恰当与不恰当之别。谈判中成功的让步应当体现以下原则：

(1) 创造有利于谈判的和谐气氛。谈判是双方寻找满足共同利益的过程。在这一过程中，双方都需要做出一定的牺牲来创造谈判的和谐气氛。否则，谈判无法维持下去。当谈判出现了互不相让的局面时，谈判中必要的协商气氛就会受到破坏，借助谈判来满足需求的愿望就无法实现。在此形势下，恰当的让步，是谈判正常进行的前提。凡是在维护己方根本利益的前提下，用让步来保证了谈判中平等协商的和谐气氛，都有利于谈判的成功和实现谈判的总目标。

(2) 让步必须服务于谈判的总战略。尽管让步在谈判活动中常常受制于各种偶发因素，打乱了提前拟定的让步策略，但这种变化后的让步，决不能损失总体谈判策略，以至于顾此失彼，因小失大。谈判中的任何一种让步，都会向对方传达一定的信息，体现一定的利益变化。谈判中的让步，决不能与谈判的总策略、总目标发生冲突，必要的、有效的让步要能为己方实施总战略开拓道路，清除障碍，不能仅仅考虑谈判的气氛和暂时性的原因而危害大局。

(3) 让步不得损害长远利益。让步不是一种纯粹的无偿付出，而是以赢得总体利益为目标的有偿付出。如果一时的让步损害了己方的长远利益，那么这种让步即使是在局部上获得了再大的成功，从长远来看也是失败的。

(4) 让步至少应该得到对等的利益。谈判活动的核心在于利益交换。谈判各方志在必得，都想以小的让步换取大的利益，这是正常的。但在实际谈判活动中，让步与索取相互制约，虽然谈判中绝对的均等、合理是不存在的，但悬殊不会太大。任何一个成功的谈判，都不会使一方全得，另一方全失。因此，从原理上讲，一种成功的让步，至少应该赢得同等的利益回报。如果一种让步没能换得必要的利益，那么这种让步便是失败的。

2．商务谈判磋商的让步策略

在谈判中，每一次让步，不但是为了追求己方的最大满足，同时还要充分考虑到对方的满足。谈判双方在不同利益问题上相互给予对方让步，以达成谈判和局为最终目标。以己方的让步换取对方在另一问题上的让步的策略，称为互利互惠的让步策略；在时空上，以未来利益上的让步换取对方近期利益上的让步称为予远利谋近惠的让步策略；谈判一方以不做任何让步为条件而获得对方的让步也是有可能的，称为己方丝毫无损的让步策略。

在商务谈判的让步策略中，最常见的是互利互惠的让步策略。谈判不会是仅仅有利于一方的洽谈。一方做出了让步，必然期望对方对此有所补偿，获得更大的让步。正所谓“礼尚往来”，有来无往非礼也。一方在做出让步后，能否获得对方互惠互利的让步，在很大程度上取决于该方商谈的方式：一种是所谓的横向谈判，即采取横向铺开的方法，几个议题同时讨论、同时展开、同时向前推进；另一种是所谓的纵向深入方法，即先集中解决某一个议题，而在开始解决其他议题时，已对这个议题进行了全面深入的研究讨论。采用纵向商谈，双方往往会在某一个议题上争持不下，而在经过一番努力之后，往往会出现单方让步的局面。横向谈判则把各个议题联系在一起，双方可以在各议题上进行利益交换，达成互惠式让步。争取互惠式让步，需要谈判者具有开阔的思路和视野。除了某些己方必须得到的利益必须坚持以外，不要太固执于某一个问题的让步，而应统观全局，分清利害关系，避重就轻，灵活地使己方的利益在某一方能够得到补偿。

为了能顺利地争取到对方互惠互利的让步，商务谈判人员可以采取以下两种技巧：

(1) 当己方谈判人员做出让步时，应向对方表明：做出这个让步是与公司政策或公司主管的指示相悖的。因此，己方在做出这个让步后，贵方也必须在某个问题上有所回报，这样回去也好有个交代。

(2) 把己方的让步与对方的让步直接联系起来，表明己方可以做出这次让步，只要在己方要求对方让步的问题上能达成一致，一切就不存在问题了。比较而言，前一种言之有理，易获得成功；后一种则直来直去，比较生硬。

除了互利互惠的让步策略，予远利谋近惠的让步策略也是常见的磋商手段。

在商务谈判中，参加谈判的各方均持有不同的愿望和需要，有的对未来很乐观，有的则很悲观；有的希望马上达成交易，有的却希望能够等上一段时间。因此，谈判者自然也就表现出对谈判的两种满足形式，即对现实谈判交易的满足和对未来交易的满足，而对未来的满足程度完全凭借谈判人员自己的感觉。对于有些谈判人员来说，可以通过给予其期待的满足或未来的满足而避免给予其现实的满足，即为了避免现实的让步而给予对方远利。比如：当对方在谈判中要求己方在某一问题上做出让步时，己方可以强调保持与己方的业务关系将能给对方带来长期的利益，而本次交易对是否能够成功地建立和发展双方之间的这种长期业务关系是至关重要的，向对方说明远利和近利之间的利害关系。如果对方是精明的商人，是会取远利而弃近惠的。其实，对己方来讲，采取予远利谋近惠的让步策略，并未付出什么现实的东西，却获得近惠，何乐而不为呢！

另外，还有一种丝毫无损的让步策略。丝毫无损的让步，是指在谈判过程中，当谈判的对方就某个交易条件要求己方做出让步，其要求的确有些道理，而且对方在这个问题上又不愿意做出实质性的让步，这时，可以采取这样一种处理方法：首先认真地倾听对方的诉说，然后向对方表示："己方充分理解您的要求，也认为您的要求是有一定的合理性的，但就己方目前的条件而言，因受种种因素的限制，实在难以接受您的要求。保证在这个问题上己方给予其他客户的条件绝对不比您的好。希望您能够谅解。"如果不是什么原则性很强的问题，对方听了上述一番话以后，往往会通情达理地接受己方的想法而放弃让步的要求。

人们之所以能够通过上述技巧达到己方丝毫无损的让步，道理也很简单，因为人们对自己争取某个事物的行为的评价并不完全取决于最终的行为结果，还取决于人们在争取过程中的感受，有时感受比结果还重要。在这里，己方认真倾听对方的意见，肯定其要求的合理性，满足了对方受人尊敬的要求；保证其条件待遇不低于其他客户，进一步强化了这种受人尊敬的效果，迎合了人们普遍存在的互相攀比、横向比较的心理。

三、谈判达成阶段的语言应用

成交阶段是谈判双方最终确立交易条件，缔结协议的过程，同时也是双方各自利益得以最终确立的过程。从某种意义上讲，谈判者所付出的一切努力，都是为双方顺利的达成协议服务的。但是，即使到了这一阶段，谈判双方的预期已经达到相当一致的程度，谈判的进程仍然会因为各种主客观因素的影响而受到阻碍，缔结协议未必就成为顺理成章的事情。在这个阶段，谈判者还必须灵活地运用某些谈判策略，以便有效地引导谈判行为的发展。

第五章 商务谈判的思维与语言沟通路径探索

人类的思维艺术在商务谈判中得到了充分的展示；语言沟通犹如桥梁，在商务谈判中占有重要地位。

本章围绕商务谈判的思维与语言沟通路径探索，论述商务谈判的思维方式、辩证思维模式及其语用功能和商务谈判的语言沟通艺术。

第一节 商务谈判的思维方式探索

一、思维的概念、特征、分类

（一）思维的概念

所谓思维，是指人脑对客观现实的概括的、间接的反映，是揭示事物的本质特征的理性认识过程，是人认识活动发展的高级阶段，简单地说，就是人们认识事物、分析事物的行为与过程。思维是人类特有的一种精神活动，是从社会实践中产生的。人类任何活动都离不开思维，人类的任何成就都是科学思维的结果。可以说，人类没有了思维，也就没有一切。

商务谈判是一项既紧张激烈又复杂多变的活动，人类的思维艺术在这里得到了充分的展示。对谈判的双方来讲，在既定的客观条件下，如何正确地分析、判断对方的谈判实力、谈判策略和谈判心理，以及在谈判中提出的每一项建议和要求，如何充分地调动本方的有利因素，争取谈判优势，都有赖于谈判者的科学、正确的思维。一切商务谈判的成功，首先是思维的成功。

（二）思维的特征

思维的特征包括以下六方面。

1．思维的客观性

作为人类思维对象的事物是客观存在的。不仅如此，人类思维还直接或间接地受客观现实世界的影响和制约。

2. 思维的主观能动性

思维是人们有意识地、能动地反映客观事物的行为和过程。在社会生活中，人们对事物所做的预测性分析正是这种主观能动性的体现。

3. 思维的目的性

人类的思维是有一定目的的，是为了满足人类的一定需要，这种目的影响和决定了人类思维的方向与结果。

4. 思维的差别性

由于思维是人们有意识地反映和认识事物的行为，个人的经验、知识等因素都会影响思维，同时，客观现实世界对思维也会发生影响。因而，在思维的方法和结果上会有差别。思维的差别性，使得人们的认识、观点、见解各不相同，多姿多彩。

5. 思维的间接性

间接性是指思维通过其他事物为媒介来反映客观事物。例如，早晨看见屋顶潮湿，推知夜里下过雨。这时下雨是通过屋顶潮湿为媒介推断出来的。这就是间接的思维反映。无论自然现象或社会现象，无论生活琐事或社会大事，直接感知经验都是非常必要的，但却不足以为人类认知提供足够的信息。只有通过思维活动把不同的、本来无直接关系的事物或现象联系起来，人类才可能超越感知提供的信息，去揭露事物或现象的本质和规律性。

6. 思维的概括性

概括性是指通过建立事物之间的联系，把一类事物的共同特征抽取出来加以概括，得出概括性的认识。例如，许多物体以数量表征其存在形式，如三个苹果、四个梨、五本书、两支笔等。各种各样的物体是不同的，但数量是它们具有的共同特征。思维活动从众多的物体中抽取它们的数量，概括为“数”，并以数字表示出来。因此，“数”就是数量的概括。思维的概括性使人的认识摆脱了具体事物的局限性和对具体事物的直接依赖性，并在思维的概括活动中形成概念和命题，这就无限地扩大了人的认识范围，加深了对客观事物的了解。

（三）思维的分类

人类的思维从不同的角度，用不同的标准可以划分为不同的类型。

1．静态思维与动态思维的解析

(1) 静态思维。所谓静态思维，是指一种以程序化、重复性、稳定性为特点的定型化思维方法。它要求思维的规格化、统一化、模式化，而排斥任何在思维程度、方向及内容上的变动。

(2) 动态思维。它是一种依据客观外界的变动情况不断调整和优化思维的程度、方向和内容，以达到思维目的的一种思维活动过程。动态思维强调在思维过程中与外部客观环境的信息交流与协调，通过信息的交流来不断调整和修正思维的方向和目标，提高思维的正确性和有效性。

2．发散性思维与收敛性思维的解析

(1) 发散性思维。发散性思维是指沿着不同的方向、不同的角度思考问题，从多方面寻找问题答案的思维方式。发散性思维的具体表现形式是多种多样的，主要有多向思维、侧向思维和逆向思维。多向思维是发散性思维的最重要的形式。它要求充分发挥思维的活力，从尽可能多的方面来考虑同一问题。侧向思维是相对于正向思维而言的又一种发散性思维形式。正向思维是局限于本专业、本领域内对事物进行考察和分析、寻找解决问题答案的思维方式。而侧向思维则不同，它是将本专业或领域与其他专业或领域交叉起来，并从别的领域取得思维的灵感和火花，来解决本专业或领域内问题的思维方式。逆向思维就是从相反方向来考虑问题的思维方式。逆向思维常常能发现在一般情况下不易发现的问题，取得出人意料的成果。

(2) 收敛性思维。所谓收敛性思维，是指一种以集中为特点的逻辑思维。其主要特点如下：①经验性。收敛性思维非常注意经验，习惯于从以往的经验中寻找或导引出解决问题的办法，它要求人们尽量排除事物的差异，而从相同的方面去考虑问题。这样，往往限制了人们的思路。②程序性。收敛性思维在思维过程中遵循着比较严格的程序。③选择性。收敛性思维往往注重在有限的若干途径、方案中权衡利弊，选择一种比较好的途径和方案，而不注意创新和设计尽可能多的方案以扩大选择范围。

发散性思维与收敛性思维各有其优缺点。在思维过程中，必须将两者结合起来，才能使人类的思维趋于完善。如果思维只有发散而无收敛，那么就有可能出现虽然主意、方案很多，但不能统一确定最终能解决问题的方案的情况。反之，如果思维只有收敛而无发散，那将使思维陷入僵化，压抑思维的创造活力，从而难以寻找到最好的解决问题的方案。

3．单一化思维和多样化思维的解析

(1) 单一化思维。所谓单一化思维，是一种以片面性和绝对性为特征的思维方式。它只是从某个方面来观察事物，把事物的发展变化都归结于这一方面。不仅如此，这种思维方式还往往把某一方面加以绝对化，无限地、直线地扩大和延伸，以求说明全部的问题。因此，这种思维方式无法正确地反映复杂多变的客观事物和事物的多方面的属性。

(2) 多样化思维。多样化思维就是从不同的方面、角度，用不同的思维程序来考察、分析事物的一种思维方法。它的指导思想是：任何事物都不会孤立地存在，必然与其他事物发生这样或那样的联系。这种思维方法能够从多层次揭示事物间的联系，从而发现更多的事物本质。

4．守旧思维与超前思维的解析

(1) 守旧思维。这是一种以过去的经验、原则和规范来影响和制约现在，力图使现在变为过去的继续和再现的思维方法。它忽视了事物的发展和变化，把过去的思维结果用于现在，并作为考察、分析及评价事物的唯一依据。这是一种不思进取的思维方式。

(2) 超前思维。有时，超前思维也被称为预测性思维。它是一种在充分认识和把握事物发展变化规律的基础上对未来的各种可能性进行预测和分析，并以此来对现在进行适当调整的思维方法。超前思维能够使人们增加对未来事物发展的预见性。但这种思维方法也有其缺陷性，那就是由于它是对未来的一种预测，因此，不可避免地会带来一定程度的不确定性和模糊性。

二、商务谈判思维的概念、要素

(一) 商务谈判思维的概念

谈判思维是指谈判者在谈判过程中理性地认识客观事物的行为与过程，是谈判者对谈判活动中的谈判标的、谈判环境、谈判对手及其行为间接的、概括的反映。谈判思维是谈判者的一种有意识的行为。

商务谈判活动，无论其复杂程度如何，都是一个曲折的、具有风险的较量与选择过程。一个成功的谈判者除了要具备敏锐、细腻、合作等基本素质外，还必须能够正确地认识谈判双方在谈判中所处的地位、相互作用的形式、性质、条件及其发展趋势，能够站在一定高度上把握谈判的局势变化，并根据这些变化采取相应的策略。所有这些都将在一个正确的、合理的思维模式指导下进行。否则，谈判就会显得缺乏必要的理性，谈判策略的运用也会因失去方向性而变得盲目。正确、合理的谈判思维模式是辩证逻辑思维模式，辩证逻辑思维是谈判中最有效的思维模式。

辩证逻辑思维是一种科学的思维形态，它要求人们客观地、全面地看问题，从事物的发展变化中，对具体事物做具体分析，把握事物的全部基本要素。它要求将分析和综合相结合、归纳和演绎相结合、逻辑的方法和历史的方法相结合。辩证逻辑是逻辑学的辩证法，概念、判断、推理、论证四个逻辑范畴形成的逻辑思维过程是辩证逻辑思维的基本形式结构。因此，从思维形式来说，谈判思维过程就是运用概念进行判断、推理和论证的过程。概念、判断、推理和论证构成谈判思维过程的四个环节，也是谈判思维的四个基本要素。在谈判思维过程中，概念是谈判思维的基本细胞和出发点，并且它组成判断，判断组成推理，再由推理组成论证。判断是概念的展开，而推理和论证则是概念、判断的联系和转化形式。

(二) 商务谈判思维的要素

1. 概念要素

概念是谈判思维过程的第一个环节，概念是谈判者对谈判客观对象普遍本质的概括反映。

在商务谈判过程中，无论是谈判主体，还是谈判客体以及谈判中的时空环境，由于对它们的认识和选择存在着不同的基准，因而都存在着一个对其内涵与外延的统一而明确的界定问题，即存在着建立起准确的概念体系问题。例如，货物买卖中“质量”的概念。质量即买卖货物的品质要求。但是，由于买卖的货物品种繁多、情况复杂、要求不一，因而在概念上会产生理解上的不一致，必须对其含义进行准确、周密的确认。又如，在谈判合同的质量条款中，出现“质量以样品表示”则是一个不准确的质量概念。因为，根据这一概念可以产生两种不同的质量认定基准：以卖方提供的样品和以买方提供的样品，从而，对质量的认定失去统一的判别标准，产生质量确定上的异议，给条款的履行设置障碍。再如，“调价”的概念。调价是指价格的变动，但是引起价格变动的因素是错综复杂的，诸因素交织在一起，使价格在一定时期内上升或者下降。在谈判过程中，卖方往往会以“经济形势发生变化，原定价格要调整”而要求提价，但并没有对引起价格变动的原因和调价的依据加以限定。这显然是卖方企图以模糊的“调价”概念来迷惑对方，获取更大的利益。而在此时，买方若用“调价”的具体概念，以对引起价格变动的原因的限定和对调价依据的明确指定来回答对方，则可以实现制止对方行为，保护自己利益的目的。概念是谈判思维过程的第一个环节，因此，概念的确定是正确运用谈判策略的基础。

商务谈判过程的特殊性，决定了一切法律和贸易的概念是商务谈判的起点。因此，一个谈判者如果不具有对谈判涉及的复杂的、通用的有关法律知识以及贸易惯例概念的认识，是无法控制谈判的方向和主动地位的，相反却容易被对方钻空子，失去主动性。因此，任何谈判首先都应明确概念的完整内涵和外延，确认概念的时间性和区域性，注意双方在概念认同上的分歧，以便准确阐述自己的观点和了解对方的真实意图。

2. 判断要素

判断是谈判者对谈判情形做出的一种确定性的识别和认定。这种识别和认定在人们思维中就形成了判断。例如，“对方的这一报价是可以接受的”，这是对谈判对手报价行为的一种确定性的识别和认定，它形成谈判思维中的一种判断。反之，“对方的报价是不能接受的”，这也是一种对报价行为的确定性的认定，也是一种思维中的判断。判断的基本作用是使谈判者做出对谈判中所涉及事物的确定性的判定，从而确立谈判策略实施与运用的基础。商务谈判策略的正确实施与运用，正是构建在谈判者的正确判断之上的。作为辩证逻辑思维，谈判的判断思维过程体现了同一与差异、肯定与否定、个别与一般、现象与本质的对立统一。

同一与差异是指谈判者应在对谈判总体做出一致性判断中找出不同之处，在差异的事物中找出共同点。例如，选择商品销售渠道的谈判。固然，选择与零售商直接进行交易可以获得缩短流通时间、节约流通费用的利益，但在做出这种一般性的判断的同时，还必须意识到相对于与若干个分散的零售商的直接交易，不如选择一个实力雄厚的大批发商。借助于批发商的销售网络和销售经验，是可以享有较低的分销成本，获取更大的经济利益的。当然，并不能由此得出在所有的销售渠道选择中，选择与批发商进行交易是最优方案的结论。

肯定与否定是指在对谈判的内容做出肯定判断的同时，要考虑对其中的否定内容。在做出否定判断的同时要考虑其肯定的因素。肯定与否定的辩证思维在谈判的讨价还价中表现得最为明显。例如，对于卖方做出的价格让步，买方予以承认，但与此同时又提出新的价格要求，要求对方进一步让步。在这个判断思维中，买方正是在对卖方价格让步的肯定中，对让步的结果予以否定，从而迫使卖方不断让步。

个别与一般是指在对谈判事物进行判断时，要从个性中找出一般或共性，在一般或共性中发现事物的特殊性和个性。例如，在谈判中，“没有不可谈的价格”是被普遍接受的一般性结论，价格的可谈性寓意着价格的可变性。但是，有的谈判者称自己的报价是“标准报价”，不能改变。在这里，以个别与一般的辩证思维去判断价格的不可变动性，则可以确认价格的不可变动性中存在着价格的可变动性，因为如果谈判的其他条件发生改变，那么价格必然出现相应的变动。

现象与本质是指谈判者要从对现象的判断中找到事物的本质。在谈判中，为了取得有利的成果或使自己的谈判目标得以实现，谈判一方往往会制造一些假象，以掩盖自己的真实思想或行为。例如，在价格谈判中，一方在第二轮让步中已经到了极限，在对方的进一步让步的强烈要求下，在第三轮让步中却故意安排小小的价格回升，此举必然激怒对方，引起对方的拒绝。随后在第四轮谈判中，再假装被迫做出让步。一升一降，实际让步总幅度并未发生变化，纯粹是虚假的让步行为，但却迎合了对方的态度，投其所好，使其得到一种心理上的满足，从而容易使双方在价格谈判中达成一种共识。在谈判过程中，谈判双方往往都会做出许多姿态，或诉苦，或激动，或愤怒，或委屈，或向对方透露其内部矛盾。在对谈判对方显露的行为或情感做出判断时，必须透过现象看本质，以免被假象所迷惑而做出错误的判断和决策。

3．推理要素

推理是指谈判者从已知的判断中推导出新的判断和结论，它是谈判思维过程的第三个环节。推理是一种积极的、有价值的思维升华。通过推理，谈判者可以从已知前提知识中得出一个新的结论知识，即新的判断，从而对谈判双方策略的变换与运用产生影响。

从思维活动的角度看，商务谈判的过程就是一个复杂的推理过程，谈判决策与谈判策略的变换，是类比、归纳和演绎推理思维链条的最后环节。因此，在谈判过程中，不仅存在着如何认识推理过程的问题，而且还存在如何运用推理方式的问题。辩证逻辑思维是因循辩证逻辑方式而非形式逻辑方式进行推理的，主张推理的客观性、具体性和历史性。这是一种科学的推理。在现实的谈判中，不难看到这样的推理：“由于原材料、能源价格上涨，工资成本增加导致产品成本增大，因而，产品价格要提高5%。”这是典型的形式逻辑推理，其推理过程是正确的。然而，如果用辩证逻辑方式重新推理，结论未必成立。因为，这一推理是利用形式逻辑的“正确性”来代替辩证逻辑推理要求的“客观性”“具体性”和“历史性”的原则。价格上涨是一种社会现实，然而具体到某一产品，其价格是否上涨要受到多种因素的制约和影响。产品的原材料、能源价格上涨及工资成本增加，固然会引起产品价格上涨，但原材料、能源价格及工资成本究竟上升多少，能否致使产品最终价格上升5个百分点？在工资成本上升的同时，企业的劳动生产率是否提高？劳动生产率的提高幅度是否超过工资的增长幅度？运用辩证逻辑方式进行分析和推理，则不难发现对方貌似正确的推理下的推理漏洞。

实际上，在现实的谈判中，上述推理正是谈判对手惯用的一种手段和技巧，即用貌似正确的推理迷惑对方，诱使对手产生错觉，出现判断失误。因此，在谈判过程中，必须注重推理的科学性。

4．论证要素

谈判思维中的论证是根据谈判中客观事物的内在联系，以一些已被证实为真的判断来确定某个判断的真实性或虚假性的思维过程。论证是综合运用概念、判断、推理等各种思维形式和逻辑方法的过程。论证过程对谈判策略的实施和运用具有更为重要的意义。

谈判中的论证主要包括两种类型：①解释型的逻辑论证。解释型的逻辑论证是商务谈判中经常用到的论证方式，在报价方进行价格解释时，在双方讨价还价时都要用到这种论证方式。②预见型的逻辑论证。它是以不确定的决策设想或问题设想去推论某个预见性结果的论证方式。例如，“卖方推销的这种产品，市场前景可能不好”。这是买方在接到卖方报价时得出的一个问题设想。根据这个设想，买方可以做如下推理：如果卖方认为前景不好，急于出手的话，那么，即使己方还价稍低，卖方也可能接受。这是一种预见性的结论，这一结论需要用事实来证明。在买方还价很低时，卖方果然很快地接受了，这就说明，买方的预见性推理和论证是正确的。

三、商务谈判思维的方式

（一）联想思维方式

联想思维法是指将事物的各方面联系结合起来统筹考虑，借以启发想象力、创造力，开阔思路和视野，从多角度对事物进行扫描，产生新方案的思维技巧。这种科学的思维方法能够防止片面、孤立地思考问题所造成的僵化、闭塞，能够深入事物的本质，用全面的、联系的思考问题的方法来形成新思想。这种思维方法的特点是：把表面看起来彼此孤立的问题统一起来，呼应联想，使之迸发出新思想的火花。

联想思维法在商务谈判中具体运用时要注意两方面的问题。

(1) 要把与交易内容有关的所有议题都联系起来，列入谈判范围，而不是孤立地就某个议题而谈某个议题。例如，在有关设备引进的价格谈判中，就要考虑到设备的先进性如何、交货时间、技术服务等一系列问题。

(2) 在讨论某个议题时，不要只讨论这一议题所涉及的某几个方面或一两个方面，而是要讨论所有有关的方面。以某货物买卖谈判中的价格谈判为例，在这一谈判中，谈判者不仅要讨论某一单位的货物能卖多少钱，还要考虑计价的货币(因为其中存在着汇率风险)、采取什么样的支付方式、支付时间等。

（二）逆向思维方式

逆向思维法是指当人们的思路被遇到的难题所困扰的时候，采用与众不同的相反的一种思考问题的方法。这种思维方法有时会产生出奇制胜的全新方案。其主要特点是：打破常规，从一般人们意想不到的相反的方向打开思考的大门，获取解决难题的全新方案。

在谈判桌上，谈判者常常被一些险局、僵局或难题所困扰，智穷思尽，百思不得其解。那么，谈判者不妨从相反的角度去思考一下，也许可以从中打开缺口，找到答案。

当然，逆向思维法不一定对每个人每件事都有效，但它至少为谈判者提供了一种解决问题的方法或途径，增加了成功的机会。

(三) 动态思维方式

人们对问题的认识和分析常常是依据一定的环境条件和针对事物当时的状态而进行的，因而是相对的、静止的。但由于事物的不断发展变化，过去是正确的认识和结论，现在可能不那么正确，甚至是错误的。因此，如果思维是静态的，只是抱着过去的认识和看法不放，就会脱离实际。商务谈判的特点之一就是其复杂性和多变性。随着谈判双方意见交流的展开，各种因素都在不断地变动，思维必须紧紧地把握住这种变动，迅速地调整思维的方向、重点和角度，优化思维的过程和结构。

例如，在一场设备进口谈判中，原先己方与对方一直在补偿贸易的基础上进行谈判，但随着谈判的深入，各方面的情况逐步展开，对方突然提出因产品销售有困难，希望己方用现汇的方式进行支付，即由补偿贸易改为现汇贸易。这一要求的提出，必然打乱己方对原有谈判因素关系的分析和谈判目标的设想。面对这种情况，应该迅速地调整思维，考虑由补偿贸易改为现汇贸易的可能性(有无外汇支付能力)，对己方的利与弊，如果可能，应考虑在新的支付条件下应该考虑哪些因素(货币的币种、外汇的汇率等)，各因素之间的关系和目标等。如果仍然抱着补偿贸易条件对各因素和关系的分析不放，不研究新的问题，在谈判过程中势必会吃亏。

(四) 超前思维方式

在商务谈判中，如果能在思维上领先于对方一步，超前考虑某些问题，并能准确地预测到某些问题的发展变化趋势，那么将在谈判过程中占有极大的主动性，并获得巨大的利益。

一般来说，在涉外商务谈判中都会碰到选择什么样的货币作为计价和支付的货币的问题，这就要求必须对各种货币的汇率变动趋势进行预测。如果不进行预测或预测不准确，都将会面临巨大的汇率风险，进而造成利益上的严重损失。

其实，人们在丰富的社会生活中积累了许许多多的科学思维方法，如头脑风暴法、组合分解法等，谈判者都可以在谈判中借鉴运用。但是这不等于说不懂得这些思维方法就不能获得解决问题的途径，在现实生活中，人们大都是不自觉地借助于各种思维技巧来启发思路的，或根本不借助什么方法，而完全是由“急中生智”或“瞬间灵感”而获得一种创造性思维。因此，在谈判过程中，许多绝妙的创举绝非是掌握了几种思维方法所能代替的，它往往取决于谈判者的反应能力和智力水平。谈判者要正确认识思维方法在谈判中的积极作用，但不可用它取代一切。对此，谈判者要有清醒的认识。

（五）多样化思维方式

所谓多样化思维法，是指要从事物的直接联系和间接联系、内部联系和外部联系、必然联系和偶然联系及因果关系等普遍联系中，寻找出解决问题的新路子、新方法。例如，向国外投资，创办独资企业，在与东道国政府谈判时，某些问题难以谈得通，这时就应该思维多样化，就应该想到经济与政治、外交是联系在一起的。在这种情况下，可以请我国政府出面，通过政府之间的政治、外交关系来帮助做工作，影响谈判。实践证明这往往是富有成效的。

当在谈判中遇到难题时，特别需要冲破思想束缚，大胆地进行探索，寻找没有准备过的新办法。

四、商务谈判思维方式的选择和运用

（一）商务谈判思维方式的选择

在商务谈判思维中，逻辑与非逻辑的要素，如社会的、文化的、心理的、个人的要素作为谈判思维的基本构成单元介入谈判思维过程中，形成了互有差异的谈判思维方式。主要有散射式思维、跳跃式思维和反向式思维可供选择。

1．散射式思维方式

散射式思维是指从多个角度对谈判议题进行全方位的理性确认的思维方式。散射式思维方式的特点是思维的立体性和转移性，从而具有思维灵活、流畅的特点。在谈判中，运用散射式思维可以开阔谈判思路，消除谈判死角，化解谈判症结，打破谈判僵局。

2．跳跃式思维方式

跳跃式思维是指在谈判中把事物发展过程的某些内容跳跃过去，而迅速抓住自己想要说明的问题的思维方式。这种思维方式由于能在复杂的事物或大量的信息面前迅速抓住问题的本质，因而被谈判者普遍采用。

跳跃式思维的心理基础是找到要害，一举成功。无论是在说明问题还是在反击对方时，运用这种思维方式均能取得明显的效果。例如，在国际对销贸易的谈判中，谈判会涉及产品规格、质量、数量、包装条件、价格、交货期、结算方式、许可证等多项内容，谈判议题十分纷杂。这么烦琐的谈判议题当然要逐一地进行详细讨论，但在决定是否拍板时则必须用跳跃式思维，把复杂的具体事项跳过去，而迅速抓住问题的要害，即对销中的产品作价问题。否则，不仅会延误谈判时间，而且也很难将己方的实际利益解释清楚。

3. 反向式思维方式

反向式思维是指在思维过程中从已有的结论反向推论其条件前提的思维方式。反向式思维的公式是：结论—推向依存的条件前提—评价条件前提的客观性与真实性—肯定或否定结论。反向式思维是一种违反常规思维的思维方式，是一种强迫性的思维方式，因而，谈判中运用反向式思维方式容易发现一些在正常思维条件下不易发现的问题，利用这些问题可以作为与对方讨价还价的条件或筹码。例如，卖方四套设备的总报价是 450 万美元，按反向式思维对卖方报价进行确认：设定利润率为 20%的正常水准，则其总成本为 360 万美元。而根据卖方在报价中各部分价格所占的百分比，四套设备的成本分别为 120 万美元、100 万美元、80 万美元和 90 万美元，第四套设备的成本显然不可能有那么高，卖方价格的计算基础不真实，应调整报价。

（二）谈判思维方式的运用

1. 比较与抽象法在谈判中的运用

比较方法是在商务谈判中运用最多的一种思维方法，在运用比较法时必须注意两个问题。

(1) 比什么。也就是比较的内容和标准是什么。如果比较的内容和标准选择得不正确、不合适，往往会直接影响比较结论的正确性。例如，假设己方是技术的引进方，准备与三家国外厂商就某一项目技术的转让进行谈判。在与这三家外商接触谈判后，对提出的交易条件进行比较。这时，比较的内容应该怎样确定呢？一般来讲，比较的内容应该包括所有的交易条件。具体地说，有三个方面。一是技术方面，比如技术的先进性，产品竞争能力、生产效率、质量水平等。二是经济方面，它包括价格、支付条件和方式、金融条件(是否提供信贷、利率高低、偿还期限)等。三是其他条件，主要是限制性条款。在一般情况下人们往往只注意到技术与经济上的比较，而忽视其他条件的比较。事实上，转让方对引进方的任何限制(产品销售范围与地区的限制，技术改进与再转让的限制等)都会造成接收方利益上的损失。因此，如果比较的内容不完全，必然导致比较结论的不正确。

(2) 比较的前提与条件。有时只注意对两个事物比较，而没有注意这两个事物之间是否具有可比性，以及在什么条件下可以相比较。例如，在国际货物买卖谈判中，对某货物一家卖主报价 FOB 每吨 400 美元，另一家卖主报价 CIF 每吨 500 美元。由于在 FOB 和 CIF 两种价格条件下，买卖双方所承担的费用风险和责任是不同的，因此不具有直接的可比性。但是，如果对第一家卖主的 FOB 价格进行适当的调整和处理，使之在内容上与 CIF 价格相一致，或者转化为 CIF 价格，那么就可以进行比较了。

对于上述两个问题，在谈判中做比较时应该注意，同时还应该注意对方所做的比较是否正确。要防止对方把不可比的事物拿来比较，或者是做部分的比较。也就是说，对方只比较对己方有利的几个因素、几项内容，从而得出错误的结论来欺骗己方。

对于比较法，在运用中除了强调可比性外，还要强调比较内容的全面性，以保证比较结论的正确性。但是，这样做也常常带来一个问题，那就是由于两样东西在其属性方面各有千秋，如果只是简单直接地进行全面比较，就难以做出最终的判断和评价。

如何解决这个问题，这就需要采用抽象法。抽象法就是把事物的本质、非主要的因素或属性撇开，暂时不予考虑，而只把事物的本质方面和主要方面的因素提取出来进行考虑和分析。就上面的例子而言，就是要选取投资环境中对投资经营影响最大的若干个因素进行比较、考查和分析，对其他影响较小的因素则暂时撇在一边，不予考虑，从而摆脱次要因素的纠缠。这实际上就是要抓住主要矛盾和矛盾的主要方面。只有这样，问题才能迎刃而解。

抽象法虽然较之比较法在认识上更全面、更本质，但仍然具有局限性。这是因为从个别事物中抽象出来的属性并不一定具有普遍的意义。仍然以对一国的投资环境的评价为例。对一个国家的投资环境进行了抽象的分析，选取影响该国投资环境最主要的因素和方面进行了分析和评价，把握住了该国投资环境的本质特征。但是对该国投资环境进行评价所选取的因素不一定适合其他国家。也就是说，它不具备普遍的意义。对该国投资环境影响重大的因素，在其他国家可能不重要。因此，在抽象以后还必须进行概括。概括就是在抽象的基础上，给抽象的结果赋予普遍的意义。就投资环境的评价而言，就是要概括制定出一个适应于各国情况的一般的投资环境的评价分析方法。只有这样，才能更好地了解、比较和把握各国的投资环境。在商务谈判中，充分发挥思维的抽象能力与概括能力，就能在纷繁复杂的关系中抓住主要的东西，形成一般的“理想的方案”，作为实际行为的参照。

2．归纳与演绎法在谈判中的运用

在商务谈判中，运用归纳法能使发散性思维的成果集中起来，深入到事物的本质中去说明问题，从而使论点显得比较坚实可信。例如，在涉外商务谈判中，作为谈判前的准备工作的一个重要方面，是调查该客商与其他公司企业的交易情况。如果该客商与其他公司的交易历史是诚实可靠、讲究信誉的，那么就可以从这些具体交易中得出一般性的结论：该客商的信誉情况良好，诚实可靠；反之，如果在调查中发现，在某些交易中该公司是认真执行合同的，而在另外一些交易中则有违约的行为，那么，就不能得出上述结论。

因此，在运用归纳法时，必须扩大样本的数量，提高样本的代表性，从而提高归纳结论的正确性。而当对方使用归纳法来说明某种问题时，必须注意是否有足够的样本数量，以及样本是否具有同一性或代表性。同时，还应利用反证来检验其结论的正确性和可靠性。

演绎法把一般性的结论作为前提，来推断出个别事物也具有相同或者类似的性质。在涉外商务谈判中，运用惯例来说明问题，就是一种演绎思维的方法。惯例就是在过去许许多多的实践中存在，并且现在依然存在，并为人们约定俗成地予以接受的，对某类事物进行处理的一贯的方针或规则。

在长期的国际经济贸易交往中，人们形成了许许多多的惯例。比如，在合资企业中，根据投资比例的多少分配董事会的席位，由投资最多的一方担任董事长；根据投资的比例来分配利润，分担亏损和风险；在国际货物买卖中对FOB、CIF、C&F含义的理解；在技术贸易中，转让方对技术质量的保证等。应该熟悉和掌握国际惯例。

在谈判中运用演绎法来说明问题时应该注意以下几点。

(1) 演绎的前提是否正确。如果前提不正确，那么必然会导致演绎推论的错误。

(2) 演绎推论的事物在性质上是否具备与演绎前提的一致性。如果不一致，就无法进行推论，或者导致谬论。例如，在中外合资企业中对企业结业时的剩余财产处置，是按照双方当初的投资比例来分配清算的。而在中外合作经营企业中，在外商收回投资的情况下，结业时的所有资产应全部归中方所有。如果中外合作经营企业的外商，要求像合资企业那样分配剩余财产，这显然是错误的。因为中外合作经营企业与中外合资经营企业的性质不同。

3．分析法与综合法在谈判中的运用

在商务谈判中，有时对方提出的某个建议，或提供的某个资料内容关系比较复杂，很难直接从外部总体上判断其真伪，看清其实质。这时，就可以运用分析法来进行分析。例如，在技术贸易谈判中，转让往往只报一个一揽子的总价格。对于这个总价格，有时凭直觉，或者将之与其他厂商的价格进行比较，判断其是否具有“水分”。但是就谈判而言，光知道有“水分”是不够的，还必须知道“水

分”藏在何处。只有这样才能挤出“水分”。为此，就可以采用分析的方法将对方所报的一揽子总价格拆开，分解为各个单项内容的价格。比如，分成技术设备的价格、技术资料的价格、咨询与培训的费用。如果需要的话，还可以再做进一步的分析。经过分解，就可以将各个单项的价格与正常的价格进行比较，从而可以比较清楚地看出其是否有“水分”，以及有多少“水分”。这样，在要求对方让价时，就有了针对性和依据，而不是盲目乱砍价。

同样，如果要对两个客商的报价进行比较，也可以将报价的内容分解为若干个项目，对每个项目进行逐一比较。这样，对报价的优劣长短就会看得很清楚。

对于那些实际内容很复杂，而表现形式却比较简单的问题，分析法是最有效的手段。在运用分析法分析问题时，必须注意以下两点：

(1) 必须注意对事物进行分解的角度。选择什么样的角度来进行分解是十分重要的，必须使所选择的分解角度最有利于体现事物的本质、内部关系和最有利于说明问题。

(2) 不要为分析而分析。分析本身不是目的。分析的目的是使能从事物的本质和事物内部的各个部分、各个方面的联系中来认识事物的整体。就像上面例子中对技术转让价格的分析那样，最终的目的是要对该报价做出一个准确的评价。因此，在分析的基础上还必须进行综合。

综合方法强调和体现的是对事物总体的把握。对谈判人员来讲，在谈判中运用综合的方法，提高自己的综合能力是很重要的。

一项谈判从内容上看可以分为几个部分，一个部分又可以分为几个问题，一个问题又可以分为几个方面。谈判人员不仅需要了解和研究谈判中每个部分、每一个问题、每一个方面，更重要的是在此基础上要站在谈判全局的高度，从战略上来看待和把握。一个问题可能对某一部分很重要，但从谈判的全局来看可能就不那么重要了。拘泥于某一个方面、某一个问题而看不到全局，是许多谈判者在谈判中顾此失彼的重要原因。

五、商务谈判思维中的诡辩

谈判是运用正确的思维方式进行的“说理”活动。但是，在谈判过程中谈判者故意运用思维方式的缺陷或不正当的推理方法把问题搞乱，使对手陷入“有理说不清”的窘境，以维护自己的利益。这种狡诈的手段便属于诡辩术的范畴。诡辩术实质上是谈判者以防卫为基本出发点，在谈判过程中使对方在不知不觉中陷入自己设置的思维“陷阱”中，从而陷入被动局面的一种思维方式。

商务谈判中诡辩术的运用常常面临一种“道德风险”。固然，在谈判过程中，谈判者的任何不违背法律和行为规范的行为仅仅是谈判技巧问题，而与道德问题毫不相关，因而，诡辩术的运用与伦理道德是并行不悖的。但是，提倡谈判诡辩术的运用，在道义方面应做到有节，要掌握分寸，适可而止。

谈判中的诡辩术主要以偷换主题、以相对为绝对、以现象代替本质等手法表现出来，弄清诡辩术的主要表现手法，是谈判过程中对付诡辩术者的首要一点。

（一）偷换主题的表现手法

偷换主题是指在谈判中当一方在论证对方的某个弱点时，对方觉得于己不利，则狡猾地转换论题，反而以对方的某一弱点或故意提出新的论题诱导对方继续进行论证，从而使谈判改变原来的方向。

偷换主题这种诡辩手法，其实质在于搅乱谈判原有的思维链条，分散思维注意力。因此，对付这种手法的关键在于谈判思路清晰。只要谈判者思路清晰，偷换主题的诡辩术是很难得逞的。

（二）以相对为绝对的表现手法

以相对为绝对是指谈判者在阐述问题时将相对的概念与绝对的概念混合使用，并以相对代替绝对，用来掩饰自己命题的错误，从而获取有利的谈判条件。例如，在一项设备交易谈判中，卖方认为己方公司提供的设备其生产能力比原定能力提高了 25%，而新的报价没有变动，这等于价格降低 25%。这是谈判中卖方的一种很典型的以相对为绝对的诡辩。在这里，关于价格高低的论证就是把“相对的生产能力提高”与“绝对的价格降低”混淆在一起，将相对变成绝对。

对卖方以相对为绝对的诡辩手法，买方的对策是弄清绝对概念与相对概念的范畴，将绝对概念与相对概念截然分开。

（三）以现象代替本质的表现手法

以现象代替本质是指谈判者只强调问题的表面形式、表面现象，而不涉及问题的实质，从而掩盖自己的真实企图。在商务谈判中，以现象代替本质的诡辩手法屡见不鲜。例如，在谈判的讨价还价阶段，卖方以虚伪的让步迎合对方的需要和心理，但让步缺乏实质性内容。防范这种诡辩手段的对策是能够从复杂的现象中找到事物的本质，然后抓住不放。例如，在上述情形出现时，买方面对卖方修改过的报价，要分析其让步是否具有实质性内容。只要没有实质性改善，买方就应该抓住报价中的实质性内容或关键的谬误，盯住不放。同时依据对方的权限、成交的决心，双方实力对比及关系好坏，制定或改变讨价策略，进一步改变对方的期望，迫使对方做出实质性的改善报价行为。

第二节　商务谈判的辩证思维模式及其语用功能

商务谈判是相互对立的各方通过竞争与合作实现共赢的过程。在这一过程中，谈判者的思维是辩证的，以变化发展为视角，采取差异与同一相结合，肯定与否定相互依存，共性与个性互补的原则，在竞争中共同创造价值，在合作中实现双赢。当谈判中选择辩证思维模式时，谈判者所使用的语言形式表现出来的言语效果就是商务谈判辩证思维的语用功能。

一、同一性与差异性及其语用功能解析

商务谈判是复杂的，既涉及不同文化背景的谈判主体也涉及多样性的谈判内容。通常，谈判就意味着双方会为了各自的利益而进行唇枪舌剑的较量，甚至还会采用不诚实的语言和手段来设置陷阱，但这只是“差异”的一面。事实上，不是所有的谈判对象都是只顾自己的利益，还有许多谈判对手是既讲利益又讲友谊的。实际上，谈判的目标总是达成交易，满足需求，为此谈判双方都得做一些让步和妥协，这就是商务谈判辩证思维的“同一”的一面。

(1) 从谈判原则上看，谈判中，因需求不同双方观点总会有差异，如果过分纠缠细节难免因小失大。所以，谈判双方必须在平等协商的基础上展开公平竞争，始终坚持求大同存小异、需求互补的谈判原则，才能最终实现互利互惠的谈判结果。

(2) 从谈判目标上看，商务谈判的直接目标是经济利益，间接目标是商业友谊。一般说来，实现直接目标是谈判人员思维的出发点，但是，从长期来看，建立和维护良好的业务关系和商业友谊也许比一时的赢利更为重要，对于高语境的谈判者来讲尤其如此。因为这会使以后的交易洽商和交易合作变得更为容易，从而节约大量的时间和成本，这也是谈判人员思维中差异与同一的结合。

(3) 从谈判模式上看，“谈”和“判”是谈判的两个重要的方面。“判”就是要在了解市场行情的基础上判断对方的真实需求和谈判目标，“谈”就是谈论己方的优势和接受或让步的条件。谈判的需求互补原则要求谈判者采取利益组合式双赢谈判，因为这种谈判模式要求双方必须在竞争中求合作，在寻求满足己方利益最大化的同时尽可能照顾对方的诉求。这也就是要实现矛盾的对立与统一。

二、肯定与否定及其语用功能的解析

谈判本身是一个贯穿着肯定与否定的讨价还价的过程，谈判者总是善于从对

方的应答中析出合理因素先予以肯定，再委婉地否定那些不合理的因素。同时，通过一系列的肯定与否定，谈判者就可以看出对方需要什么和不需要什么，从而找出合理的应对策略，或让对方更容易接受己方的观点、条件。

首先从谈判技巧上看，谈判是一项综合性的艺术，它集中地体现出谈判双方的论辩思维和谈判技巧。比如，强调相互合作和互惠互利的可能性、现实性，淡化双方间的差异性，这是谈判中说服对方的前提条件。又比如，在谈判过程中认真倾听对方的意见和要求，肯定其要求的合理性，尊重其情感需要，以及巧妙的提问等均可以启发对方的思维，调动对方说话的积极性。再比如，技巧性的应答既可以避免掉入对方设置的陷阱，又可创造和谐的谈判氛围。另外，谈判的结果无论如何，都不能以否定性的语言来结束谈判，因为否定性的语言将会给对方不愉快的感受，即使达成了协议也会影响履行，还会影响以后的合作；如果经过磋商阶段的讨价还价仍然出现了败局，再以否定性的言语进行指责或抱怨，那就会伤害情感，失去潜在的合作基础。

所以，即使谈判破裂，也应肯定谈判中所取得的成绩，以便谈判在友好、愉快的气氛中结束，并为以后的交往奠定基础。如果出现的仅仅是假性败局的话，双方之间仍存在继续谈判的潜在可能性。

其次从礼貌原则上看，礼貌原则要求谈判者学会用“对方姿态”表达，要强调对方利益，要肯定对方要求中的合理部分，要体谅对方、尊重对方，要考虑到对方的情绪。但是，感情并非谈判的直接目的，谈判人员对此必须有清醒的认识，如果过分地感情用事就必定会落入对方的情感陷阱而影响谈判目标的实现。

三、个别与一般及其语用功能的解析

个别与一般的思维方式要求能够在一般的基础上把握个别、重点，寻求突破，最终达成交易。谈判中，不能老纠缠于一些小问题，如果某一个问题上出现了争执，可以先将其搁置一下，利用在其他方面的让步来换取对方在此问题上的妥协，而总体利益不会受影响。甚至可以把一个问题分解成很多方面，然后再在不同方面之间协调双方的利益。比如一个报价，是全部条件不能达成一致，还是部分条件？再比如给佣金的问题，假定平时的习惯做法是通常不给佣金，那么，市场条件不好时可不可以给？老客户要求给不给？大批量订货给不给？等等。所以，全面把握方向与具体分析问题应当有机地结合起来。

商务谈判的辩证思维推理要求谈判者具有快速发散的思维推理能力，能够对谈判的方方面面进行立体思维，多路出击。在思维方面，对谈判议题的各个方面进行全方位扫描，以便各个击破；在谈判语言方面，能够对谈判论题进行点、线、面及空间的全方位地、快速地应答或反击。

四、现象与本质及其语用功能的解析

在商务谈判中，为了实现各自的目标，谈判各方往往会采取各种谋略和技巧，制造各种假象来蒙蔽对方。比如，为了获得主动权，谈判各方都可能做出各种姿态如诉苦、激动、愤怒、委屈、骄傲等，向对方透露内部消息或内部矛盾，甚至说说笑笑等。大多数时候，谈判者会进行情感互动和信息交流，让对方明白、理解己方的立场和关注点，但有时候谈判者会故意让对方不明白，甚至误导对方。

在商务谈判中，有关商品的描述是谈判的基础，必须做到言语真实，不违背有关法律的规定；对于商情的描述是谈判技巧的运用，必须做到言语真诚，保持与道德观念的互动。但是，言语真实并不保证陈述的全面性和明晰性，言语真诚也不意味着一定要暴露己方的关键弱点与底线。真正的谈判一定要保有讨价还价的本钱，也不排除采用一些非恶意的言语技巧。

商务谈判中，无论谈判者是处于优势还是劣势，也不论谈判是刚刚开始，还是正在进行或即将结束，也无论谈判是成功还是失败，商业伦理性规则都要求谈判语言的表达要真实、真诚，具有得体性和可接受性。这样，谈判者既可以为己方争取更多的有利条件，也可以让对方感到伦理上的合理性；同时，由于受心理定式的影响，谈判者总是更愿意理解和接受自己喜欢听到的观点和建议。所以，谈判安排应该先易后难，应当更多地强调双方利益的一致性，淡化双方之间的差异性。但是，强调道德和情感并不排除可以使用一些谈判技巧。这样，谈判者就需要通过辩证的思维，从假象中辨识合理的部分予以肯定，对于其中不合理的部分予以反对，有时也许反驳也是多余的，只需明确提出己方合理化的建议或要求即可。为此，谈判语言要做到热情、肯定，传达诚意和友好，也可以据理力争，但语气上要委婉礼貌，要体谅对方，顾及对方的要求、愿望和情感。

第三节 商务谈判的语言沟通艺术

一、商务谈判语言的类型

这里所说的“商务谈判语言”并非仅指交谈中所说的“话”，一颦一笑、举手投足都是在表达某种信息，这些都是传递信息的“语言”。在商务谈判中有声语言是基础，但它不是全部，甚至有时候起关键作用的并不是有声语言，口齿不太伶俐甚至略有语言障碍的谈判大师并不少见，这需要读者注意。

商务谈判的语言多种多样，从不同的角度或依照不同的标准，可以把它分成不同的类型。同时，每种类型的语言都有其运用的条件，在商务谈判中必须相机而定。

（一）依据谈判语言的表达方式划分

依据语言的表达方式不同，商务谈判语言可以分为有声语言和无声语言。

有声语言是通过人的发音器官来表达的语言，一般理解为口头语言。这种语言是借人的听觉传递信息、交流思想。无声语言又称为行为语言或体态语言，是指通过人的形体、姿态等非发音器官来表达的语言。一般理解为身体语言。这种语言是借人的视觉传递信息、表示态度、交流思想等。在商务谈判中巧妙地运用这两种语言，可以产生珠联璧合、相辅相成、绝妙默契的效果。

（二）依据谈判语言的表达特征划分

依据语言表达特征，商务谈判语言可分为礼节性的交际语言、专业性的交易语言、模糊语言、威胁性的军事语言和幽默诙谐的文学语言。

1. 礼节性的交际语言

礼节性的交际语言是指商务谈判中所有委婉、礼貌的表达方式的用语。礼节性交际语言的特征在于语言表达中的礼貌、温和、中性和圆滑，并带有较强的装饰性。在一般情况下，这类语言不涉及具体的实质性的问题。礼节性交际语言的功用主要是缓和与消除谈判双方的陌生和戒备敌对的心理，联络双方的感情，创造轻松、自然、和谐的氛围。

常用的礼节性交际语言有："欢迎远道而来的朋友""很荣幸能与您共事"等。礼节性的交际语言在运用时，如果能根据情况适当地增加一些文字色彩，其效果会更好。

2. 专业性的交易语言

专业性的交易语言是指在商务谈判过程中使用的与业务内容有关的一些专用或专门的术语。专业性的交易语言是商务谈判中的主体语言，该语言的特征表现为专业性、规范性和严谨性。在商务谈判中，为了避免在理解上的差别，需要将交易用语用统一的定义和统一的词汇来表达，甚至表达形式也加以符号化、规格化，从而使其语言具有通用性。另一方面，要使谈判双方的权利、责任、义务落在实处，确保执行，减少风险，只有用严谨的措辞、逻辑性很强的语言来对此加以描述和规定。

如国际贸易会用到"FOB Shanghai"等短句，其中的"FOB"即是国际贸易术语之一，如果贸易双方约定遵守国际商会(ICC)《2010 国际贸易术语解释通则》，则其基本含义为“由买方负责派船到装运港上海，卖方在上海港口的船上交货”。当然国际贸易术语表达的含义并不只这些，还会包括运输保险费用由谁出，出口、进口由哪方负责，什么运输方式等。贸易双方使用这种规范的专业交易语言，极大地简化了商务谈判及交易的复杂程度，有效地减少了贸易争端。

3．模糊语言

在商务谈判中，往往出于说话者的立场和语言表达的策略需要，谈判者在使用规范、精确语言的同时，也常用模糊语言来保证谈判的严谨、礼貌和高效。在弹性语言中，模糊语言是谈判中经常使用的留有余地的重要手段，灵活性强和适应性强是模糊语言两个最为典型的特点。谈判中对某些复杂的事情或意料之外的事情，不可能一下子就做出准确的判断，就可以运用模糊语言来避其锋芒，做出有弹性的回答，以争取时间做必要的研究和制定对策。另一方面，留有余地的弹性语言在谈判过程中的合理运用，可以避开直接的压力而给谈判带来主动。

交际意图是交际者通过社会交际所要达到的目的或要获得的结果。国际商务谈判是贸易双方就有形或无形资产的交换或者买卖事宜进行协商并取得一致行为的过程。国际商务谈判中，谈判人员所使用的语言一般具有规范性、精确性等特点。但是有时候为了特定的交际目的，谈判人员常常有意使用模糊语言，具体体现在以下几个方面：

(1) 保护面子，争取主动。在国际商务谈判中，当遇到一些不容易做出正确估计或判断的时候，在需要勉强发表见解的场合下，谈判者使用的语言则更要注意含蓄和婉转，此时往往为了保护自己的面子，谈判者会使用模糊语言做出有弹性的回答，从而争取时间做必要的研究和制定策略。正由于模糊语言的灵活性、强适应性，因而成为达到谈判者交际目的的有力的语言手段。

(2) 打破僵局，促进交易。模糊语言具有内含明确、外延无限的特点，能给言语交际双方留下一个缓冲的余地。在商务谈判中，双方谈判僵持不下是常见的事。在谈判的交际过程中，为打破僵局，促使交易进一步进行，恰到好处地使用一些模糊性语言，谈判双方更易互相接受对方，营造好的合作氛围，使得谈判过程变得更加顺利。

(3) 规避风险，争取利益最大化。由于模糊语言外延界限不太明确，可造成语义上的虚化。在商务谈判过程中，谈判双方常使用模糊语言来掩饰回避、迂回表达、声东击西，从而达到提高谈判效率、增强谈判弹性、实现自我保护的目的。

4．威胁性的军事语言

威胁性的军事语言进入谈判领域，主要是起强化态度，从心理上打击对方的作用，也用于振奋参加谈判人员的工作精神和意志。威胁性的军事语言具有干脆、简明、坚定、自信、冷酷无情的特征，因而往往会强化谈判双方的敌对意识，会使谈判变得更加紧张。

威胁性的军事语言在谈判中排斥了犹豫不决，也给谈判双方创造了决战氛围，加速了谈判过程。另外，也可以在谈判中使自己尽可能在有利的情况下达成协议，但不宜过多使用。

5．幽默诙谐的文学语言

幽默诙谐的文学语言是思想学识、智慧和灵感在语言运用中的结晶，它诙谐、生动，富有感染力，能引起听众强烈共鸣。幽默诙谐的文学语言大体上具备 6 个主要特征，即不协调性，不一致性，反常规性，奇巧得体性，精炼含蓄性，失败、胜利性。

二、商务谈判中无声语言与特殊语言的解析

语言文字符号是一个理性的符号系统，而无声语言是人的感性的或是情感的符号系统。两种符号都作为信息传播的工具，它们既互有区别，又有联系，它们可以相辅相成，却不能互相替代。无声语言传递的信息往往比有声语言更加丰富、更加形象。

（一）商务谈判无声语言的特征

商务谈判的无声语言有以下几个特征：

1．信息传递的连续性

无声语言信息传递的连续性，是指谈判主体某种特定含义或思想的非语言传送是要通过若干个存在一定联系的行为和体态连续地完成的。例如，谈判者不安情绪的表现可能伴随着抓耳朵、搔头皮、扯衣襟等若干个连续性的动作。

2．对环境的依赖性

无声语言传送信息对环境的依赖性是指无声语言所代表的含义与特定的传播环境和背景是联系在一起的。例如，当商务谈判主体产生厌倦、无聊、紧张等心理时，可通过点烟、咳嗽、喝水等动作来调节一下，以便较快地转入正常的谈判状态。

3．无声语言传播与语言传播的一致性与不一致性

语言的和非语言的符号使用显然不一致的传播方式(途径)，但是不一致的传

播方式传送含义完全一致的信息，而且无声语言可以加强、扩大语言符号传播的信息，这是语言传播与无声语言传播的不一致性与一致性。例如，双方谈判人员见面时在一句问候语之后，相互热烈地握手、拥抱，其所传递的信息往往是言语所不及的。同时，无声语言也可以否定语言传播的信息，例如，充满信心的言辞伴以发抖的双手，或者以充满敌视的语调讲着友好的词句。

4. 无声语言传递信息的含义往往比语言更丰富、准确

无声语言，尤其是无意识露出的无声语言能传送出比语言符号更为准确、丰富的信息。人类的传播行为是完整的个人行为，通过非语言方式传送出的信息，许多是来自个体的内心深处，这种非语言提示是难以控制和掩饰的，因而，往往是一种真实而丰富的提示。

无声语言主要指行为语言，行为语言的认知是行为语言观察和运用的基础，商务谈判中能起到以下几项作用：

(1) 对口头表达必要的补充和辅助。非语言信息可以丰富语言所要表达的内容，对语言所要表达的信息，非语言动作在不同程度上起着辅助表达，增强力量、加重语气的作用。对方在听话时，手摸桌子，多表示不感兴趣；对方在说话时握紧了拳头，表示下定决心等。

(2) 更有效地昭示心灵，加深理解。非语言沟通在谈判中可以代替语言所要表达的意图，特别是当语言不便或不能表达谈判者意图时，或语言表达不合时宜或对方难以领会时，行为语言的运用便能够取得明显的效果。

(3) 更形象地传递信息、表达思想。谈判者如果想从一个态度转向另外一种态度，可通过表情、语调的调整或体态的运用来完成。这体现了非语言的强烈暗示作用。非语言在传递信息时还能给人自然、真切的感觉。

(4) 更恰当地联络各种关系，使交际更得体。由于商务谈判环境、对象等外部条件的不同，以及可能遭遇僵局等状况，谈判主体会产生不适心理。这时，如果通过非语言的动作调节，就能较快地恢复正常。

(二) 商务谈判动作的语言

1. 商务谈判眼睛动作的语言

眼睛具有反映人们深层心理的能力，其动作、状态是最明确的情感表现，因此眼睛被人们誉为“心灵的窗户”。眼睛动作主要传达了以下信息：

(1) 根据目光凝视讲话者时间的长短来判断听者的心理感受。与人交谈时，视线接触对方脸部的时间，正常情况下应占全部谈话时间的 30%～60%。当然，有些人可能有自己的独特习惯，比如不愿凝视对方，而只是用心倾听，这应另当

别论。

(2) 眨眼频率较高，有不同的含义。正常情况下，一般人眨眼 5～8 秒/次，每次眨眼一般不超过 1 秒。如果每分钟眨眼次数超过 5～8 秒/次这个范围，一方面表示神情活跃，对某事物感兴趣；另一方面也表示个性怯懦或羞涩，不敢正眼直视对方，而做出不停眨眼的动作。

(3) 不看对方，而只听对方讲话，是掩饰意图的表现。

(4) 眼睛闪烁不定，则是一种反常的举动，常被认为是掩饰的一种手段，亦可是性格上不诚实的表现。人们有一个共同的特点，那就是做事虚伪或者当场撒谎的人，常常眼睛闪烁不定，以此来掩饰其内心的秘密。

(5) 眼睛瞳孔放大，炯炯有神而生辉，表示此人处于欢喜与兴奋状态；瞳孔缩小，神情呆滞、目光无神，愁眉紧锁，则表示此人处于消极、戒备或愤怒的状态。实验证明，瞳孔所传达信息是无法用人的意志来控制的。有经验的企业家、政治家，为了防止对方察觉到自己瞳孔的变化，往往喜欢戴有色眼镜。

(6) 瞪大眼睛看着对方讲话的人，表示对对方有很大的兴趣。眼神传递的信息还有很多，人类眼睛所表达的思想，有些确实是只能意会而难以言传。这就要靠谈判人员在实践中用心加以观察和思考，不断积累经验，争取把握种种眼睛的动作所传达的信息。

2．商务谈判眉毛动作的语言

眉毛在交流的过程中也能扮演重要的角色，虽然眉毛在交流的过程中很容易被忽略。实际上，眉毛在表达人的感情时，动作是比较明显的，而且变化也是很多的。因此，它所表达的语言含义也是丰富的。

眉毛的动作可能传递以下几种信息：

(1) 当人们处于惊喜或惊恐状态时，眉毛上扬。人们常用“喜上眉梢”来形容人的喜悦状态。

(2) 当人们处于或气恼状态时，眉毛下拉或倒竖。人们常说“剑眉倒竖”，就是形容这种气愤的状态。

(3) 眉毛迅速地上下运动，表示亲切、满意或愉快。

(4) 紧皱眉头，表示人们处于困惑、不愉快、不赞同的状态。

(5) 眉毛高挑，表示询问或疑问。

(6) 眉宇舒展，表示心情舒畅。

(7) 双眉下垂，表示难过和沮丧。

上述有关眉毛传达的无声语言是不容忽视的，人们常常认为没有眉毛的脸十分可怕，因为它给人一种毫无表情的感觉。

3．商务谈判嘴巴动作的语言

人的嘴巴除了说话、吃喝和呼吸以外，还可以有许多动作，借以反映人的心理状态。嘴巴的动作可能传递以下几种信息：

(1) 嘴巴紧紧地抿住，往往表示意志坚决。

(2) 撅起嘴表示不满意、轻视对方和准备攻击对方。这种情况在荧屏剧的人物表现上常见。

(3) 遭到失败时，咬嘴唇是一种自我惩罚的运用，有时也可解释为自我解嘲和内疚的心情。

(4) 注意倾听对方谈话时，嘴角会稍稍向后拉或向上拉。

(5) 不满和固执时，嘴角向下。

(6) 咂咂嘴，常表示赞叹或惋惜。

(7) 努努嘴，常表示暗示或怂恿。

4．商务谈判吸烟动作的语言

与嘴的动作紧密联系的是吸烟的姿势。吸烟有害健康，而且公共场合多数禁止吸烟，但商务活动中常遇到吸烟的谈判对手，故而本处简单讨论有关吸烟的姿势及其表达的心理问题。

谈判中吸烟的姿势具有较强的表现力，而且是判断一个人态度的重要依据，吸烟的动作一般传递以下几种信息：

(1) 刚一见面就立即掏烟递给对方，且麻利地为对方点烟的，多为处于交易劣势的一方。寒暄之后才缓慢掏烟，自己先拿一根，然后才送给对手，是自认为处于交易优势的表现。

(2) 吸一口烟后，将烟向上吐，往往是积极、自信的表现，因为此时伴随吐烟的动作，身体的上部姿势也是向上昂起的；将烟雾朝下吐，则表示情绪消极、意志消沉、有疑虑，因为此时身体上部的姿势是向下的，即所谓的“垂头丧气”。

(3) 烟从嘴角缓缓吐出，给人一种消极而诡秘的感觉，一般反映出吸烟者此时的心境与思维比较曲折，力求从纷乱的思绪中清理出令人意想不到的途径来。

(4) 吸烟时不停地磕烟灰，往往意味着内心紧张、不安或有冲突，这时的吸烟已不是一种心理需要，完全成了吸烟者减缓和消除内心冲突与不安的一种道具，借抽烟的动作来掩饰脸部表情和可能会颤抖的手。

(5) 点上烟后却很少抽，说明在交谈中戒备心重，一边谈一边紧张地思考而忘却了手中的烟。或者，心神不宁时也会这样。

(6) 没吸几口即把烟掐掉，表明其想尽快结束谈话或已下决心要干一桩事。

(7) 斜仰着头，烟雾从鼻子吐出，通过斜视仰着头这一动作，主动地拉开了与谈话对象及其目光交流的距离，从而表现出吸烟者内心的那种自信、优越和悠闲自得的心态。

5. 商务谈判上肢动作的语言

手和臂膀是人体比较灵活的部位，也是使用最多的部位。借助手势或与对方手的接触，可以帮助判断对方的心理活动或心理状态。同时，也可帮助将某种信息传递给对方。上肢动作可能传递以下几种信息：

(1) 拳头紧握，是向对方挑战或自我紧张的表现。握拳的同时如伴有手指关节的响声，或用拳击掌，则表示向对方无言的威吓或发出攻击的信号。握拳使人肌肉紧张，能量比较集中。一般只有在遇到外部的威胁或挑战时，人们才会紧握拳头，以准备进行抗击。

(2) 用手指或手中的笔敲打桌面，或在纸上乱涂乱画，往往表示对对方的话题不感兴趣、不同意或不耐烦的意思。这样做，一方面可以打发和消磨时间，另一方面也起到暗示或提醒对方注意的作用。

(3) 两手手指并拢并重置上胸的前上方呈尖塔状，表示充满信心。这种动作在西方常见，特别是在主持会议、领导者讲话、教师授课等情况下常见。它通常可表现出讲话者的高傲与独断的心理状态，起到一种震慑听讲者的作用。

(4) 手与手连接放在胸腹部的位置是谦逊、矜持或略带不安的心情的反映。在给获奖运动员颁奖之前，主持人宣读比赛成绩时，运动员常常有这种动作。

(5) 两臂交叉于胸前，表示保守或防卫；两臂交叉于胸前并握紧，往往是怀有敌意的标志。

(6) 吸手指或指甲。成年人做出这样的动作是不成熟的表现。

(7) 握手所传达的信息。原始意义的握手不仅表示问候，而且也表示一种信赖、契约和保证之意。

6. 商务谈判下肢动作的语言

商务谈判下肢动作的语言往往是最先表露潜意识情感的部位，下肢动作可能传递以下信息：

(1) “二郎腿”。与对方并排而坐时，对方若跷着“二郎腿”，并且上身向前倾斜，意味着合作态度；若跷“二郎腿”的同时上身向后倾斜，则意味着拒绝、傲慢或有较强的优越感。相对而坐时，对方跷着“二郎腿”却正襟危坐，说明对方是比较拘谨、欠灵活的人。

(2) 架腿。与对方初次打交道时就采取这个姿势并靠在沙发上，通常带有倨傲、戒备、怀疑或不愿合作等意味。若上身前倾，同时又滔滔不绝地说话，则意味着对方是个热情但欠缺文化素质的人。如果频繁变换架腿姿势，则表示情绪不稳定，焦躁不安或不耐烦。

(3) 并腿。交谈中始终或者经常保持这一姿势，并且上身直立或前倾的对手，意味着谦恭、尊敬，表明对方自觉交易地位低下，对达成交易的期望值很高。时常并腿后仰的对手是小心谨慎，但缺乏自信心和魄力的表现。

(4) 分腿。双膝分开、上身后仰者，表明对方是充满自信的、愿意合作的、自觉交易地位优越的人，但要指望对方做出较大让步，是相当困难的。

(5) 摇动足部，或用足尖拍打地板，或抖动腿部，都表示焦躁不安、无可奈何、不耐烦，或欲摆脱某种紧张情绪。

(6) 双脚不时地小幅度交叉后又解开，这种反复的动作表示谈判者情绪不安。

7. 商务谈判腰部动作的语言

腰部在身体上起“承上启下”的支持作用，腰部位置的“高”与“低”与一个人的心理状态和精神状态是密切相关的。腰部动作可能传递以下几种信息：

(1) 弯腰动作。例如，鞠躬、点头哈腰属于低姿势，把腰的位置放低，精神状态随之“低”下来。谈判者在心理上自认为不如对方，甚至惧怕对方时，就会不自觉地采取弯腰的姿势。

(2) 挺直腰板，使身体及腰部位置增高的动作，则反映出谈判者情绪高昂、充满自信。经常挺直腰部站立、行直或坐下的人往往有较强的自信心及自制和自律的能力，但为人可能比较刻板，缺少弹性或通融性。

(3) 手叉腰间，表示胸有成竹，对自己面临的事物已做好精神上或行动上的准备，同时也表现出某种优越感或支配欲。有人将此视作领导者或权威人士的风度。

8. 商务谈判腹部动作的语言

腹部位于人体的中央部位，它的动作带有极丰富的含义。腹部动作所传达的信息主要有以下几种：

(1) 凸出腹部，表现出自己的心理优越、自信与满足感，可谓腹部是意志和胆量的象征。这一动作也反映了扩大势力范围的意图，是威慑对方，使自己处于优势或支配地位的表现。

(2) 解开上衣纽扣露出腹部，常表示对对方不存戒备之心。

(3) 抱腹蜷缩，表现出不安、消沉、沮丧等情绪支配下的防卫心理。

(4) 腹部起伏不停，反映出兴奋或愤怒，意味着即将爆发的激动状态。

(5) 轻拍自己的腹部，表示自己的风度、雅量，同时也包含着经过一番较量之后的得意心情。

9. 商务谈判其他姿势的语言

除了以上几种无声语言外，还有以下几种语言：

(1) 交谈时，对方头部保持中正，时而微微点头，说明对讲话既不厌烦，也不十分感兴趣；若对方将头侧向一边，尤其是倾向讲话人一边，则说明对所讲的事情很有兴趣；若对方把头垂下，甚至于偶尔合眼似睡，则说明对所讲的事情兴趣索然。

(2) 谈话时，对方不断变换站、坐等体位，身体不断摇晃，常表示焦躁和情绪不稳定；不时用一种单调的节奏轻敲桌面，则表示极度不安，并极具戒心。

(3) 交谈的过程中，对方咳嗽常有许多含义。有时是焦躁不安的表现，有时是稳定情绪的缓冲，有时是掩饰说谎的手段。有时因为听话人对说话人的态度过于自信或自夸，表示怀疑或惊讶时，而用假装清清喉咙来表示不信任。

(4) 洽谈的过程中，若是戴眼镜，对方将眼镜摘下，或拿起放在桌子上的眼镜，把镜架的挂耳靠在嘴边，两眼平视，表示想用点时间稍加思考；若摘下眼镜，轻揉眼睛或轻擦镜片，常表示对争论不休的问题厌倦或是喘口气准备再战；若猛推一下眼镜，上身前倾，常表示因某事而气愤，可能进行反攻。

(5) 拿着笔在空白纸上乱画，双眼不抬，若无其事的样子，说明已经厌烦了。

(6) 扫一眼室内的挂钟或手腕上的表，收起笔，合上本，给助手使个眼神或做个手势(也可小声说话)，不收桌上的东西，也表明对谈判无望，可以结束谈判了。

(三) 商务谈判特殊的语音现象

在谈判的整个过程中，语速、停顿等是语言表达中不可缺少的部分。

1. 语气现象

同样一句话，语气不同，所赋予的含义也不同。掌握谈判优势的谈判桌上的赢家都善于掌握声音语气。当需要向对方施加压力时，通常需要采取一种低调但却自信的语气。一方面显示不是强行逼迫对方接受，另一方面可以诱使对方理解己方的现状。

2. 语调现象

谈判者使用不同的语调，可以表达出各种错综复杂的感情。一句话用十种不同的语调来念，就会有十种不同的表达效果。因此，在谈判中可以通过对方说话声音高低抑扬的变化来窥探其情绪的波动。谈判者在讲话时要充分利用不同的语调变化，根据需要表达的不同内容，变换不同的语调。这样，谈判语言层次分明，感染力极大加强。

3．语速与节奏现象

语速对表达效果影响很大。语速过快，对方听不清楚。语速过慢，又会使对方难辨主次，而且觉得犹豫、沉重。在谈判中语速过快或过慢都是不好的。涉及问题的重点和比较深奥难懂的内容，应放慢语速，增强音量；如果是浅显易懂或本身节奏明快的内容，应加快语速，放轻音量。

节奏是音量的大小、声音的强弱、音调的高低升降。节奏过于缓慢，很难引起对方的注意和兴趣，常使对方分心；节奏过快，很难使人立即接受并理解其具体真正的含义，给信息沟通带来麻烦。所以节奏技巧的处理是让它有张有弛，有抑有扬。该平和的地方就放慢节奏，娓娓道来；展示气度胸怀时，就要有高屋建瓴的气势，使整个话就如同一首好听的歌一样和谐。

4．重音现象

重音就是说话时着重突出某个字、词以示强调。在谈判中，为了引起对手的注意，加深对手对所讲内容的印象，就必须在叙述的过程中重读某些词句。通过重读，使叙述听起来音调高低起伏、抑扬顿挫，从而收到良好的效果。

5．停顿现象

停顿是因内容表达和心理、生理的需要而在说话时所做的间歇。一般来讲，如果说话者要强调谈话的某一重点时，停顿是非常有效的。试验表明，说话时应当每隔 30 秒钟停顿一次。一是加深对方的印象，二是给对方机会，对提出的问题做出回答或加以评论。当然，适当的重复，也可以加深对方的印象。有时，还可以运用加强语气，提高说话声音以示强调，或显示说话的信心和决心。这样做要比使用一长串的形容词效果好。

总的来说，语音的停顿、升降、快慢并不是互相孤立的，它们是密切联系、相互渗透、同时出现的，它们的使用也必须从谈判语言运用的实际出发，灵活地加以变化，从而有效地增强语言的说服力和感染力，起到促进谈判双方间相互沟通的作用。

第六章　商务谈判的磋商艺术与策略分析

商务谈判是一个有序的行为过程，具有很强的阶段性，因此谈判双方之间的磋商，谈判策略的制定与实施就十分重要了。

本章围绕商务谈判的磋商艺术与策略分析，论述商务谈判报价、讨价与还价的磋商艺术，分析商务谈判的策略和开局策略，解析商务谈判的技巧以及商务谈判合同。

第一节　商务谈判报价、讨价与还价的磋商艺术

一、商务谈判磋商的原则

双方经过开局阶段的热身后，谈判就进入了磋商阶段。磋商阶段实际上是一个报价—讨价—还价的过程。在此谈判阶段，谈判人员要遵循以下 4 个准则。

（一）商务谈判磋商的气氛原则

进入磋商阶段后，谈判双方要针对对方的报价展开讨价还价。在这个过程中，双方之间难免要出现提问与解释、质疑与表白、指责与反击、请求与拒绝、建议与反对、进攻与防守，甚至会发生激烈的辩论与无声的冷场。因此，在磋商阶段，谈判人员仍然要把握好谈判气氛，将开局阶段已经营造出的友好、合作的气氛，在磋商阶段继续保持下去。如果在谈判中双方突然收起微笑，面部表情紧张而冷峻，语言生硬激烈，使谈判气氛一下子变得紧张对立起来，就不免会令人怀疑开局阶段那种友好真诚的态度是装出来的，双方此前建立起的信任感就会消失。所以，磋商阶段即使双方争论激烈，矛盾尖锐，也仍然要保护已经营造出来的良好的合作气氛，因为只有在良好的合作气氛中，才能使磋商顺利进行下去。

（二）商务谈判磋商的次序逻辑原则

次序逻辑原则是指把握磋商议题内含的客观次序逻辑，确定谈判目标启动的

先后次序及谈判进展的层次。

在磋商阶段，双方都面临着许多要谈的议题，如果不将这些议题分先后次序，不讲究磋商进展层次，而随心所欲地想起什么就争论什么，谈判必然会毫无头绪、混乱不堪、无效率可言。因此，双方首先要通过磋商确定几个重要的谈判议题，再按照其内在的逻辑关系排列出先后次序，然后逐题磋商。一般来说，可先磋商对后面议题有决定性影响的议题，在对此议题达成共识后再讨论后面的问题。也可以先就双方比较容易达成共识的议题进行磋商，而将双方认识差距较大、问题比较复杂的议题放到后面去磋商。次序逻辑准则也适用于对某一具体议题的磋商，因为每个议题也存在内在逻辑次序。例如，价格问题往往涉及成本、回收率、市场供求、比价等多方面的内容，可选择最容易讲清楚、最有说服力的一项作为磋商的切入点，以避免一开始就在一些不容易说清楚的话题上面争论不休，影响重要问题的磋商。

（三）商务谈判磋商的掌握节奏原则

磋商阶段，谈判节奏要稳健，不能过于急促，因为这是解决双方分歧的关键阶段，双方需要对各自的观点进行充分的论证，许多认识有分歧的地方往往要经过多次交流和争辩才能逐步趋于一致。而且某些关键的问题在一轮谈判中通常不能达成共识，要进行多次谈判才能完全解决。一般情况下，开始磋商时，双方都需要有充足的时间和耐心倾听对方的观点，了解对方，分析研究分歧的性质，探索解决分歧的途径，节奏要相对慢一些。关键性问题往往涉及双方的根本利益，双方必然会坚持自己的观点，不肯轻易让步，这就很可能使谈判陷入僵局，所以磋商是需要花费较多时间的阶段。谈判人员要善于掌握节奏，不可急躁，要稳扎稳打、步步为营。一旦出现转机，就要抓住不放，加快谈判节奏，不失时机地消除双方存在的分歧，争取与对方达成一致意见。

（四）商务谈判磋商的沟通说服原则

磋商阶段就是谈判双方相互沟通、相互说服的过程。可以说，没有充分的沟通，没有令人满意的说服，就不会产生积极的成果。首先，要善于沟通。沟通应该是双向和多方面的。所谓双向，就是既要善于传达己方的信息，又要善于倾听对方的信息，积极向对方反馈信息。所谓多方面，就是既要沟通交易条件，又要沟通相关的理由、信念、期望及情感。其次，要善于说服。要充满信心地去说服对方，让对方强烈地感觉到非常感谢协作，也非常愿意帮助对方解决困难；让对方了解有“取”，也有“给”，真正感觉到合作才是最好的决定。总之，说服的准则是从“求同”开始，解决双方的分歧，达到最后的“求同”。“求同”既是起点，又是终点。

二、商务谈判磋商影响报价的因素

商务谈判涉及的交易对象不同，对价格的影响因素也有所差别。商品价格的决定因素与服务价格的决定因素有着明显的区别。影响商品价格的因素主要有以下五方面。

（一）商品成本因素

通常情况下，成本是成交价格的最低界限。如果成交价低于成本，供应商不仅无利可图，而且是会亏损的。

（二）供求关系因素

在市场经济条件下，价格主要是由供求关系决定的。“供”是指市场上商品的供应量。“求”是指消费者有支付能力的需求。当市场上某种商品的供求基本保持平衡时，该商品的价格就会趋于稳定；当供过于求时，价格就会下降；当供不应求时，价格则会上升。

（三）市场竞争环境因素

市场竞争环境可以分为完全竞争、完全垄断、垄断竞争以及寡头垄断 4 种模式。不同的市场竞争环境对价格的形成会产生不同的影响。

1．完全竞争

完全竞争是指市场上不存在任何垄断势力，买卖双方可以完全自由地从事各种经济活动的市场竞争环境。在这种市场环境中，商品的成交价格和数量是在多次交易中自然形成的。

2．完全垄断

完全垄断是指某种商品的销售完全由一个卖主单独控制的市场环境。在完全垄断市场中，商品的交易价格和数量完全由垄断者决定。

3．垄断竞争

垄断竞争是介于完全竞争与完全垄断之间的市场环境。垄断竞争市场具有以下 4 个特点：

(1) 有许多买主和卖主；

(2) 不同卖主所提供的商品存在差别；
(3) 少数卖主在一定时间内处于优势地位；
(4) 买卖各方在市场活动中都受到一定的限制。

4．寡头垄断

寡头垄断是指由少数几家大企业控制并操纵某种商品生产和销售的市场环境。在寡头垄断市场上，商品的价格不是由市场供求状况决定的，而是由大企业以其共同利益为基础，通过契约和合同来决定的。

（四）相关服务因素

商品的销售一般都伴有相关的服务，如设备安装调试、人员培训、产品维修、技术咨询、零部件供应等。

（五）消费心理因素

消费者在确定自己愿意对某商品支付价格时，各种心理因素的影响是十分明显的。

三、商务谈判磋商的讨价磋商

在商务谈判中，由于双方对谈判结果的期望值有所不同，在初期报价上的差异多少总带有一些技术上、策略上的考虑，当交易一方发盘之后，双方通常不会很快就有关问题达成一致。事实上，参与谈判的任何一方都既想竭力降低对方的期望值，费尽心机挑剔对方的报价，不厌其烦地指出对方报价的不合理之处，同时又想尽力维护己方的立场，反复阐述己方的理由，说服对方接受己方的方案。因此，另一方往往不会无条件地接受对方的发盘，而且总是会提出“重新报价”或“改善报价”的要求，也就是“再询盘”，俗称“讨价”。发盘方在接到或听到对方的要求后，修改了报价或未修改报价，又称对方发盘，如果对方发盘即视为“还盘”，俗称“还价”。如果受盘方接受报价，或讨价方降低要求，即称为“让步”。

由此可见，“讨价还价”有 3 层含义：一是讨价；二是还价；三是双方经历多次的反复磋商，一方或双方做出让步，从而促成交易双方达成一致意见。

归根结底，谈判人员要想有效地维护己方的利益，就必须充分了解对方报价的依据，让对方说明其报价的结构和报价各组成部分的合理性，然后再对照自己的报价依据，分析双方到底在哪些环节上存在差距，搞清楚为什么会存在这种差距。

如果双方的报价都是合理的，就说明现存的差距也是合理的，己方可以向对方指出这一实际状况，争取双方各自做出相应的让步，以求一致。如果对方的报价在合理的范围内，而己方的计算却有较多的水分，那么，己方就应该考虑是否有必要仍坚持原来的立场，特别是在对方已发现己方报价的不合理之处，并提出质询的时候，己方最好主动做出让步，以求进一步协调。如果对方的报价相对己方来说，有更多的不合理之处，那么，己方就有必要向对方明确指出不合理之所在，并拿出足够的证据来证明。此时，只有可公开的、可靠的证据才能让对方做出让步，当然这一过程也需要谈判人员的说服技巧。如果双方的报价都存在明显的水分，那么，己方适当调整报价，并邀请对方回归到相互信任、诚意合作的轨道上来，不啻是一种明智的选择。

(一) 讨价的类型划分

在谈判中，讨价的方式基本上分为两种：笼统讨价与具体讨价。笼统讨价是从总体条件上或从构成技术或商业条件的所有方面提出重新报价要求。具体报价则是就分项价格和具体的报价内容要求对方重新出价。两种方式各有其用，而且应视具体条件而用。

1. 笼统讨价

笼统讨价经常用于对方报价后的第一次讨价，从宏观的角度去压价，笼统地提出己方的要求，而不泄露己方已经掌握的准确材料。对方为了表现出良好的态度，可能调整价格，这样就可以循序渐进地往下谈。

2. 具体讨价

具体讨价通常是在对方第一次改变价格之后运用。例如，那些水分较少、内容简单的报价，一般要提出有针对性的、要求明确的讨价。通常应该从水分最大的那个交易条件开始讨价。具体讨价的策略是就分项价格和具体报价内容要求对方重新报价。具体讨价的关键在于准确性与针对性，而不是将自己的材料(调查比价的结果)全部都端出来，在做法上是将具体的讨论内容分成几块。划分方法可以按内容分，如可划分为运输费、技术费、设备条件、保险费、技术服务、资料、培训、支付条件等；也可以按评论结果划分，如以各项内容的水分大小归类，将水分大的放在一类，将水分小的放在另一类。分块、分类的目的是体现“具体性”，提高准确性。

比如，某高压硅堆生产线的报价，按分块原则划分，包括生产线设备、备件、生产试车和试生产用的关键或全部原材料费用；软件包括技术经费、技术资料、商务联络、技术培训、技术指导、合同条件等。在这两大块内容中，又可以按其水分大小继续分类。以硬件为例，既可以对设备、备件、原材料三者本身所包含的内容予以评论、区别，并且依次讨价，也可以设备为主，将该生产原设备报价分为前工序(即制作硅片的加工部分)设备、中间处理(即制作硅片的清洗和化学处理部分)设备、后工序(即芯片的分割、烧结、封装部分)设备等三块。相比之下，中间处理的设备价格相对较高，后工序设备其次，前工序设备因其通用设备较多，其价格比较合理。

(二) 讨价的基本技巧

讨价时，谈判人员首先要对报价进行评价或评论，以此来支持自己的讨价要求。在对方改善报价之后，己方也要相应对其做出新的评价，以便决定是否需要再次进行讨价。此外，讨价的次数服从于讨价的目的，同时也会受到心理因素的限制。当讨价是按不同部分具体进行时，那么每一部分至少应讨价一次，在对方就该部分改善要价，和己方达成一致后再往下进行，否则宁可原地不动，继续讨价，也不可草草而过。谈判人员在每次讨价时不要忘了这次讨价的目标，在对方的每一次改价之后要衡量一下对方的价格和态度，适当改变讨价的攻击点，直到达到目标为止。

归纳起来，讨价有三个基本技巧，即次序选择技巧、讨价与讨价间的衔接技巧以及讨价力度技巧。

1．次序选择

讨价总是在价格评论之后进行，讨价以价格评论的次序为其次序是讨价次序选择的首选方法。除此之外，还应当按照效益原则进行讨价，从效益这一大处着手。也就是说，选择的依据有两个根本的条件：评论之序与效益之序。一旦偏离这两个根本条件就不可能有高效的讨价。

2．讨价与讨价间的衔接

由于讨价不限于一次，因此就存在着对同一讨价目标多次讨价之间的衔接问题。多次讨价的基本模式是“讨价—改善后的新价—讨价”，也就是在一次改善价格后有一个新的评价。在这一新的评价过程中通常要涉及两个技巧，即转题和深入讨价。当对手比较诚恳，价格改善明显靠近新的评价水平时，谈判人员可以用带保留的肯定将讨价转向新的类别；而当对手态度欠佳，价格改善不大，尚存在很大的水分时，便可以用新的评论将讨价转向深入。

3．讨价力度

谈判人员在讨价时，从评论到要求，以及时间安排上都有一个力度因素。讨价力度是讨价时刻固有的技巧，这一技巧具体表现为以下三种不同做法：

(1) 虚者以紧。对于虚头大、含水分高的对手，谈判人员的讨价力度要紧逼不放，紧紧压住，对手方可出“水”变实。

(2) 蛮者以硬。对于蛮横的对手，讨价态度要强硬。

(3) 善者以温。所谓善者，是指那些成交心切或交易诚心的对手；在谈判的讨价阶段，大凡认为要求合理，或者自己也有力量做到的条件，都会积极配合的谈判对手。对于这一类谈判对手，应采取温和的做法。

总的来说，由于讨价是伴随着价格评论进行的，故而讨价应本着尊重对方和说理的方式进行；又由于讨价不是买方的还价，而是启发、诱导卖方降价，所以讨价实际上是为接下来的还价做准备。

四、商务谈判磋商的还价磋商

经过激烈的讨价回合之后，谈判就进入还价阶段。实际上，还价就是评论与讨价之后，被讨价人向讨价人要求给出具体价格意见，而讨价人对此要求做出具体回应方案的行为。

(一) 商务谈判磋商的还价方法

在商贸谈判中，谈判人员需要针对对方的报价策略和方式，进行相应的还价。具体地说，还价的策略主要有三种：比照还价法、反攻还价法和求疵还价法。

1. 比照还价的方法

比照还价法是指谈判的一方通过对对方报价的了解与分析，对比参照报价，并按照一定的升降幅度进行还价的策略方法。运用比照还价法要具备以下两个条件：

(1) 已弄清对方为何如此报价，也就是对方的真正期望是什么。分析谈判对方的真正期望，应主要从以下几方面入手：

1) 检查对方报价的全部内容；

2) 询问如此报价的原因及根据；

3) 了解对方在各项主要交易条件上有多大的灵活性。

(2) 已判明谈判的形势，已掌握对方讨价还价的实力。对谈判的形势及双方实力的分析，应主要从以下几个方面入手：

1) 在对方报价中，哪些条件是一定要实现的；哪些条件是希望能够实现的，但不是非要实现不可的。

2) 在对方报价中，哪些条件是比较次要的，而这些相对次要的条件又恰恰是促使对方让步的筹码。

3) 在己方的还价中，哪些条件是对方可以接受的；哪些条件是对方不能接受的；哪些条件是对方急于讨论的。

4) 在价格和其他主要条件上对方讨价还价的实力如何。

5) 确定双方可能成交的范围。

6) 怎样才能使己方的要求得到满足，以及如何在谋求己方利益的同时也能够不断地给对方以满足。

比照还价法通常适用于买方或谈判实力不太雄厚、对价格掌握不很明了的一方，因此谈判人员在运用比照还价法时要注意如下问题：

(1) 确定还价的方式。一般来说，应针对对方报价或重新报价的方式确定还价的方式。还价方式的一致性便于谈判双方评价各自的条件，准确判定交易的形势。在还价方式的选择上通常不轻易从总体上还价，而是从以下三个方面考虑：一是重新报价改善的明显部分先还盘；二是依据先易后难的原则分批还价；三是选择差距最小或者金额最小的部分先还价。

(2) 确立还价的起点。还价的起点就是第一次还出的价格数值。这是买方谈判成功与否的关键。还价如果能激起对方的兴趣和热情，就说明成功有望；如果能使卖方跟着买方还价走，必将对买方成交价的高低产生决定性的影响；如果还价开不好，引起对方反感，则很可能导致谈判破裂。所以，谈判人员要十分慎重地确定还价的起点。确定还价起点要考虑以下四个因素：一是在买方价格评论或讨价后，卖方的价格改善了多少；二是卖方改善后的报价与买方拟订的成交方案之间还存在多大的差距；三是交易商品的客观成本(商品的客观成本由物质上的消耗成本与营业利润指标两个因素构成)是多少；四是买方的还价次数。

(3) 确定还价的时间。还价时间运用是否合适直接影响到还价的次数与效果。谈判人员应讲究还价时机。如果还价时机掌握得好，价格上就可以少退一个阶次；反之，则可能要多退一些。谈判人员在确定还价的时间时应注意以下两点：一是选好时机。关于时间的选择要考虑应给人以无可奈何的艰苦抉择的印象，并且给对方留出时间做出新的反应。二是看准情况再还价。也就是以卖方价格条件改善的状况为还价前提，一般来说，最好是走在对方后面，换言之，就是让对方先出价，己方后还价，对方有变化，己方有调整，从而使双方的谈判立场逐步靠拢。

当谈判的一方遇到对方采用比照还价的策略时，具体的破解方法有两点：

(1) 以退为进，变被动为主动。具体做法是，通过一连串的反问探询对方还价的根据，努力摸清对方的价格目标，从而确定其最高目标、理想目标及最低目标，做到心中有数，不轻易让步。

(2) 如果买方还价太低，胡乱杀价，谈判人员可以用比较激烈的情绪表达自己的不满，或者报以长时间的沉默，摆出一副可谈可不谈的架势，以此来迫使对方做出较大让步，重新还价。

2．反攻还价的方法

反攻还价法是指谈判的一方采用反驳攻击的技法，部分否定甚至全部否定对方报价的策略方法。运用反攻还价法的主要条件：一是对方出的报价极不合理，策略性虚报的部分过分夸大。二是对方缺乏谈判经验，对价格掌握不甚明了，对对手缺乏了解。

运用反攻还价法应该注意以下几点问题：

(1) 做好反攻的资料准备。根据对方报价的内容和己方所掌握的价格比价的资料，推算出对方的虚价因素及其程度的大小，并尽力揣摩对方的真实意图，制定有效的攻击方案。

(2) 确定反攻的策略。通常把对方报价中虚价最大，也是己方反驳论据最充分的内容作为攻击点，由点到面展开反驳，全面推翻对手的报价。

(3) 做好反攻的实施安排。对所面临的问题进行分析整理，分清轻重缓急，进而设计出相应的对策。通常的做法是列出问题表格，并以此为依据与对方交涉。表格主要有以下两种：

1) 提问表。它是一种依据谈判议程及接洽谈判时间先后，将所要提及的问题排列成序以备使用的表格。提问表的优点是能使谈判人员心中有数，准确掌握在什么时候应该谈什么问题。

2) 实施要点表。它是一种谈判双方把即将质询对方的主要问题分别一一列出后，加以解答的表格。

(4) 要有理有据地反驳对方的报价，不做无中生有的无谓攻击，也不能进行人身攻击，态度应友好温和。

在谈判中，一方如果遇到对方采用反攻还价的策略时，具体的破解方法有如下两种：

(1) 当卖方的报价被买方全盘推翻时，卖方应设法诱使对方“乘胜追击”，一旦对方还价过分时，卖方就可以变守为攻。不过，要切忌重蹈覆辙。比如，不要拿出一个同样明显不合理的方案，然后以其人之道还治其人之身，以这种方法谋求谈判的主动权往往会适得其反。

(2) 卖方后发制人，以谦虚求教的态度请求买方拿出方案，而后对对方的方案进行挑剔、驳斥，变被动为主动，引导对方向己方的立场靠拢。

3．求疵还价的方法

求疵还价法是指谈判的一方采用挑剔的方法提出部分真实、部分夸大的意见，试图否定对方报价的策略方法。运用求疵还价法的主要条件：一是卖方的报价的确存在问题，但多属枝节方面的问题。二是对方欠缺谈判经验。

客观地说，世上没有十全十美的东西，只要去再三挑剔，任何方案都可以挑出点问题来。买方应想方设法抓住对方商品的缺陷，并且适当地夸大，迫使卖方把卖价的标准降低，从而使己方有更多的讨价还价的余地，同时也让对方知道，买方不是轻易就可以欺骗的。

运用求疵还价法时应该注意下面4点：

(1) 买方必须掌握与对方商品有关的技术知识，才能对对方商品“吹毛求疵”，才能对问题挑到点子上，使对方心服口服。如果买方能对对方商品挑出一大堆毛病来，如从商品的性能、质量、款式、色泽等方面找出瑕疵，必会对对方的商品价格形成较大的压力。

(2) 在挑对方的商品毛病时，切忌面面俱到。如果买方抓不住重点，击不中要害，不但不足以说明问题，而且还会引起对方的怀疑，以为是在故意刁难，从而影响谈判的气氛和进展。

(3) 买方对一些优质产品、名牌产品不能一味贬低。如果对这些商品贬低过火，很可能会激怒对方。

(4) 面对谈判对手，不可直率地表露出己方的愿望或动机，而要保持若即若离的态度，这样可以使对手处于焦虑不安的状态，有助于己方把握谈判的主动权。

在谈判中，若遇到对方采用求疵还价的策略，可采用以下方法破解：

(1) 沉着耐心。那些虚张声势的说法和不切实际的要求，会随着时间的推移，自然而然地露出马脚来，并且会渐渐地失去其影响力。

(2) 对某些非关键性的问题和要求，要能避重就轻或视若无睹地一带而过。

(3) 当对方节外生枝，或故意挑剔、提出无理的要求时，必须及时提出抗议。

(4) 向买主建议一个具体而且彻底的解决办法，而不是去讨论那些没有关联的问题。

(5) 谈判人员千万不要轻易让步，以免对方不劳而获。

有时，对方的某些要求很可能只是虚张声势而已，卖主应设法削弱买主的声势，不要让对方的要求轻易得逞。同时，卖主也可以提出某些虚张声势的问题来加强自己的议价力量。

(二) 商务谈判磋商的还价技巧

还价方式通常分为从动式与主动式两种。从动式是指依讨价方式而给出还价。主动式是指按还价人的谈判策略而制定还价方式。此外，还价方式还可以分为总体还价和具体还价两种。总体还价是指对全部价格条件的总和进行还价。具体还价是指对所有价格内容逐项或分成若干大块还出价格建议。

从实践经验来看，谈判人员不要轻易从总体还价，就是不要一次全面还价，而应当采取具体还价的方式。同时，还价要从差距小、金额小的部分开始。例如，某个技术转让项目，卖方对技术费的讨价为1亿美元，对设备费的讨价为5亿美元。那么，买方在进行还价时就应先从金额小的技术费开始，双方在短时间内定下技术费，卖方会感到自己有利可图，再谈设备费时，买方在还价时就可以适当多压价，卖方已经拿到技术费，再谈设备费时，面对买方的压价必然会有进退维谷之感，这样谈判不易破裂。

此外，谈判人员还价还必须掌握好还价的幅度，不能因为还价的幅度大而害怕。事实上，在谈判中，200万美元的出价，最后以100万美元成交的事例经常出现。这里的一个核心问题是要准确掌握对方的客观价格在什么位置。要知道，有的谈判人员为了在谈判中留有讨价还价的余地，在谈判桌上将实际成本夸大几倍的做法也是屡见不鲜的。因此，还价的一方应该既不追求压价的幅度，也不要惧怕压价太小或者太大，而应该以客观价格为主。

一般而言，还价技巧可以概括为4种，即振作技巧、分步集中技巧、速战速决技巧和黏合技巧。

1. 振作的还价技巧

振作技巧是指还价的结果能起到振作双方谈判积极性的作用。据此，谈判人员还价应首先选择那些差距最小的部分。无论其金额多少，只要双方能在这个部分达成一致，自有振奋的效果。

2. 分步集中的还价技巧

分步集中技巧是指还价时先分类，然后集中的还价次序和规则。据此，谈判人员在还价时应先以分项还价为主，经过较量之后，再将交过锋(可能各部分均有所改善)的分项集中为分类价进行还价，当分类价也取得了一定的效果后，再进行总体的还价。这一次序的实质，就是分级实现还价目标。

3. 速战速决的还价技巧

速战速决技巧是指抓住带有根本性，并且能够决定交易成败的部分还价，而且一还到底，也就是针对关键部分进行反复讨价还价直至决出成败为止。有时，一还到底就是将还价水平一次降到底线的价位，从而造成成败在此一举的架势，迫使对方就范。实际上，这种情况在谈判实践中并不多见。

4. 黏合的还价技巧

黏合技巧是指一种策略性的还价，使对方欲罢不能，旨在促使谈判对手从企业和个人的利益出发继续谈判，非成交不能有出路。这个技巧适于在分歧不太大或者分歧虽大但容易妥协，而且具有一定分量的部分使用。谈判人员在选择该技巧时，应当对双方能够达成一致有相当的把握。

(三) 商务谈判磋商的让步的艺术

当谈判双方都固执地坚持自己的要求，或者双方都希望对方能做出更多让步时，谈判就会陷入僵持状态。应该说，让步是商务谈判中的普遍现象，谈判双方若是都坚持自己的原始报盘，那么合同必将无法达成，谈判中的物质利益也就无从分割。此外，在国际商务谈判中，还有一种情况也是经常发生的，就是由于谈判人员文化背景的不同、观察与思考问题的角度和方式的不同、价值评判标准的不同，加之对谈话内容翻译得不够准确，有时不免会使谈判处于僵持状态。也就是说，很多分歧都是由于沟通中的障碍引发的。这就要求谈判人员更好地掌握相互沟通的艺术，消除偏见与翻译中的歧义，使双方重新以合作的态度进行磋商。

在上述两种情况下，准确分析双方要求的差距以及各自的实力，其中一方主动做出让步是十分必要的。实际上，能首先做出这种姿态的一方，并不是无能与软弱的表现；相反，善于审时度势而做出妥协恰恰是谈判人员成熟的表现。

从某种意义上说，让步也是谈判双方为了达成合同而必须承担的义务。在让步之前，商务谈判各方首先要明确己方所追求的最终目标，以及为了达到该目标可以或者愿意做出哪些让步。可以说，让步本身就是一种谈判策略，它体现了谈判人员以主动满足对方需要的方式来换取自己需要满足的精神实质。

1. 让步的基本原则

从商务谈判双方的利益属性来分析，大致有以下 3 种对话沟通的形式。

(1) 谈判双方的利益目标完全一致，通过谈判来协调双方的计划和行为方式，从而形成合力或谋求相互之间的更好配合。

(2) 谈判双方的利益目标不同，通过谈判协调，在不同程度上满足双方的需要，以便形成利益互补。

(3) 谈判双方的利益目标相对，通过谈判缓和相互间的某种对抗，寻找各自的利益目标。

由此可见，以上 3 种利益协调、互换的形式均是建立在双方存在互相联系、拥有共同利益的基础之上的。这 3 种利益交换形式都要求谈判双方互相尊重对方的利益目标，从双方共同的利益出发，做出不同程度的让步；反之，如果一味坚持己方的立场观点、利益目标以及行为方式，毫不退让，谈判中的分歧就无法弥合，对抗就无法缓和。在很多谈判中，即使双方的利益目标一致，也会发生主要与次要、整体与局部、长期与近期等各种矛盾，从而造成力量分散的局面。因此，可以说，谈判的战略目标直接决定了谈判中让步的必要性。

在利益冲突不能采取其他的方式进行协调时，客观标准的让步策略的使用往往会在商务谈判中起到非常重要的作用。成功让步的策略和技巧可以表现在谈判的各个阶段。总体来讲，谈判人员要想运用好让步策略，必须服从以下几条原则：

(1) 目标价值最大原则。应当承认，在商务谈判中，很多情况下目标并不是单一的，谈判人员在处理这些多重目标的过程中，不可避免地要面对目标冲突的现象。谈判的过程实际上就是寻求双方目标价值最大化的过程，但并不是所有目标价值都能达到最大化，如果是这样的话也就违背了商务谈判中的平等公正的原则，因此在处理不同价值目标时使用让步策略在所难免。

不可否认，在实际谈判过程中，不同目标之间的冲突是时常发生的，但是不同的目标，其价值的重要性以及紧迫程度也是各不相同的，所以谈判人员在处理这类矛盾时所要掌握的原则是：先在各目标之间依照重要性和紧迫性建立优先顺序，优先解决重要的目标和紧迫的目标，在条件允许的前提下再适当地争取其他目标，其中的让步策略首先就是保护重要目标价值的最大化，如关键环节的价格、付款方式等。在实践中，成功的商务谈判人员在解决这类矛盾时通常所采取的思维顺序如下：

1) 先评估目标冲突的重要性，再分析自己所处的环境和位置，分析在不牺牲任何目标的前提下，冲突是否可以得到解决。

2) 如果在冲突中必须有所选择的话，将主目标和次目标区分开来，以保证整体利益的最大化，但同时也应该注意目标不要太多，以免顾此失彼，自造混乱，给谈判对手留下可乘之机。

(2) 刚性原则。在谈判中，谈判双方在寻求自己目标价值最大化的同时，通常也对自己可能做出的最大让步的价值有所准备。换句话说，谈判中，任何一方可以使用的让步资源都是有限的，因而让步策略的使用是具有刚性的，运用的力度只能是先小后大，一方一旦让步力度下降或减小，那么就意味着以往的让步价值也失去了意义。此外，谈判对手对于让步的体会也具有“抗药性”，同一种方式的让步使用几次之后就会失去效果，当然，也应该注意到谈判对手的某些需求是无止境的，不可任其步步紧逼。谈判人员还必须认识到，让步策略的运用是有限的，即使一方所拥有的让步资源比较丰富，由于不同的谈判对手对让步的体会是不同的，因此并不能保证一定能取得预期的价值回报。有鉴于此，谈判人员在遵循刚性原则时必须注意以下几点：

1) 谈判对手的需求是有一定限度的，而且也是具有一定层次差别的，因此让步策略的运用也必须是有限的、有层次区别的。

2) 让步策略的运用效果是有限的，每一次的让步只能在谈判的一定时期内起作用，也就是说，让步是在针对特定阶段、特定人物、特定事件的情况下起作用的，不要期望通过让步来满足对手的所有意愿，对于重要问题的让步必须严格控制。

3) 时刻对让步资源的投入与效果的产出进行分析比较，必须能够做到让步价值的投入小于所产生的积极效益。而且在使用让步资源时一定要有一个所获利润的测算，清楚地知道需要投入多大比例才能保证所期望的回报。

(3) 时机原则。让步策略中的时机原则是指在适当的时机和场合做出适当的让步，使让步所起的作用最大、最佳。适当的让步时机说起来容易，但在谈判过程中却非常难以把握。这主要有以下两方面的原因：

1) 时机难以判定。比如，在谈判开局阶段，当谈判对手提出的要价并不太高时，已方本来可以通过让步或许就能促成谈判尽早结束，但谈判人员却犹豫不决，唯恐因自己让步过早而使对方得寸进尺，不能保证已方利益的最大化。

2) 谈判人员对于让步的随意性导致时机把握不准确。在商务谈判中，谈判人员通常仅仅根据自己的喜好、兴趣、性情、成见等因素使用让步策略，而不顾及所处的场合、谈判的进展情况以及发展方向等，不遵从让步策略的原则、方式和方法。这种随意性必然导致让步价值缺失、让步原则消失，进而在无止境的利益诱惑下使得对方的胃口越来越大，而自己则在谈判中一步步丧失主动权，最终导致谈判失败，所以谈判人员在使用让步策略时千万不可随意为之。

(4) 清晰原则。让步策略中的清晰原则是：让步的标准、对象、理由、具体内容和实施细节应当准确明了，以避免因为让步而导致新的问题和矛盾出现。常见的问题主要有以下两个方面；

1) 让步的标准不明确，使对方感觉到自己的期望与已方的让步意图出现了错位，甚至感觉没有在某个问题上做出让步而含糊其辞。

2) 让步的方式、内容不清晰，不能让对方能够明确感觉到所做出的让步，不能激发出对方的反应。

(5) 弥补原则。在已方再不做出让步就有可能使谈判夭折的情势下，谈判人员要把握住“此失彼补”这一原则。也就是这一方面(此问题)已方给了对方优惠，但是在另一方面(或其他地方)已方必须加倍地，至少均等地获取回报。当然，在谈判时，如果发觉此问题已方若是做出让步便可以换取彼处更大的好处时，也应该毫不犹豫地给予让步，以保持全盘的优势。

在商务谈判中，为了达成协议，适度的让步是很有必要的。成功的让步策略可以起到以牺牲局部的小利益来换取整体利益的作用，有时甚至可以达到“四两拨千斤”的效果。

2．让步实施步骤和让步前的选择

商务谈判中的让步应该是有计划的，也就是说，在谈判的准备阶段，让步应当成为整个谈判方案的一个组成部分。让步应该是可控的，应该是为谋取或把握谈判主动权服务的，因此应特别注意让步的步骤与方式。

明智的让步，实际上是一种非常有力的谈判工具。让步的基本哲理是“以小换大”，谈判人员必须把以局部利益换取整体利益作为让步的出发点，把握好以下步骤：

(1) 确定谈判的整体利益。这一步骤应在准备阶段完成。谈判人员可以从两方面来确定己方的整体利益：一是确定此次谈判对各方的重要程度。一般来说，谈判对哪一方的重要程度越高，则意味着这一方在谈判中的实力越弱。二是确定己方可以接受的最低条件，也就是己方能够做出的最大限度的让步。

(2) 确定让步的方式。不同的让步方式可以传递不同的信息，可能产生不同的效果。在商务谈判中，由于交易的性质多样，让步通常没有固定的模式，往往是多种让步方式的组合，并且这种组合还要在谈判过程中依据具体情况而不断进行调整。

(3) 选择让步的时机。让步时机选择是否恰当与谈判能否顺利进行有着极为密切的关系。选择什么时机让步，应根据谈判的实际情况和需要而定，既可以己方先于对方让步，也可后于对方让步，有时双方还会同时做出让步。选择让步时机的关键在于使己方的小让步给对方以大满足的感受。

(4) 衡量让步的结果。主要从己方在让步后的利益得失与所取得的谈判地位，以及讨价还价力量的变化来对让步的结果进行衡量。

谈判人员在做出让步之前，首先要考虑己方的让步究竟是要满足对方哪一方面的需要，具体有下面 5 点：

(1) 时间的选择。根据对方当时的心理需求，己方让步的时间应该选择在己方一做出让步，对方立即能欣然接受，而不会犹豫猜测之时。

(2) 利益对象的选择。让步应该能够给予对方的公司、公司中的某个部门、某个第三者或者谈判者本人某些利益。当然，最好是将利益让给最容易引起积极反应，或者最容易带来回报的一方。

(3) 成本的选择。应由公司、公司中的某个部门、某个第三者或者由谈判者本人负担成本的亏损。

(4) 内容的选择。让步的内容可以使对方得到满足或者增加对方的满足感。

(5) 环境的选择。谈判人员应当在对方可以感受到让步的价值的场合做出让步，如进行现场比较、媒介宣传的比较等。

3．让步的方式

让步的方式主要有以下 8 种：

(1) 最后一次到位。这是一种比较坚定的让步方式。其特点是在谈判的前期阶段，无论对方作何表示，己方都始终坚持初始报价，不愿再做出丝毫的退让。到了谈判后期或者迫不得已的时候，却做出比较大的退让。而当对方还想要求让步时，己方拒不让步。这种让步方式往往让对方觉得己方缺乏诚意，容易使谈判陷入僵局，甚至导致谈判失败，可以称之为“冒险型”让步方式。

(2) 均衡。这是一种以相等或近似相等的幅度逐轮让步的方式。这种方式让对方每次的要求和努力都能够得到满意的结果，所以很可能会刺激对方产生无休止的欲望，要求不断让步，而一旦停止让步就很难说服对方，从而很可能造成谈判的中止或破裂。不过，如果双方的价格谈判轮数比较多、持续时间比较长，这种方式便显出它的优越性，即每一轮都可以做出微小的但又带有刺激性的让步。如果谈判时间拖得很长，则往往会使谈判对手厌烦不堪、不攻自退。这种方式可以称之为“刺激型”让步方式。

(3) 递增。这是一种让步幅度逐轮增大的方式。谈判人员在价格谈判中应尽力避免采取这种让步方式，因为这样做的结果会使对方的期望值越来越大，在每次让步之后，对方不但不感到满足，反而会认为己方软弱可欺，从而助长对方的谈判气势，继而诱发对方更大的欲望，要求做出更大的让步，很有可能使己方遭受重大损失。这种方式可以称之为“诱发型”让步方式。

(4) 递减。这是一种让步幅度逐轮递减的方式。这种方式有两个优点：一是让步幅度越来越小，显示出己方的立场越来越强硬，也暗示对方虽然己方仍愿意妥协，但让步已经到了极限，不会再轻易做出让步了。二是可以让对方看来仍留有让步的余地，使对方始终怀着把交易继续进行下去的希望。这种方式可以称之为“希望型”让步方式。

(5) 有限让步。这种让步方式的特点是，谈判人员开始先做出一次巨大的退让，然后让步的幅度逐渐减小。其优点在于既能向对方显示出己方的谈判诚意和强烈的妥协意愿，又可巧妙地向对方暗示己方已经尽了最大的努力、做出了最大的牺牲，再做进一步的退让几乎是不可能的，从而显示出己方的坚定立场。这种方式可以称之为“妥协型”让步方式。

(6) 快速让步。这是一种巧妙而又危险的让步方式。谈判人员开始做出的让步幅度巨大，但却在接下来的谈判中坚持己方的立场，不轻易做出让步，使己方的态度由骤软转为骤硬，同时也使对方由忧变喜，又由喜变忧，具有极强的迷惑性。开始的巨大让步必然会大幅度地提高买方的期望，不过接下来的寸步不让和最后一轮的小小让步会很快抵消这一效果。可以说，这是一种很有技巧的方式，它向对方暗示，即使费尽心力地进一步讨价还价也是徒劳的。不过，客观地说，这种方式本身也存在一定的风险性。首先，它把对方的巨大期望在短时间内化为泡影，可能会使对方一时难以适应，影响谈判的顺利进行。其次，开始做出的巨大让步可能会导致卖主丧失在高价位成交的机会。这种方式可以称之为“危险型”让步方式。

(7) 退中有进。这是一种让步方式，也是一种让步策略，因为退中有进巧妙地操控了对方的心理。具体的操作方法是：第一轮先做出一个很大的让步，第二轮让步已经到了极限，然而在第三轮却安排一个小小的回升(一般情况下对方不会接受)，然后在第四轮再做进一步退让，这升升降降，实际让步总幅度并未发生变化，却能够使对方得到一种心理上的满足。这种方式可以称之为“欺骗型”让步方式。

(8) 一次性。这种让步方式，是在谈判一开始，就把己方所能做出的让步和盘托出。此举不仅会大大提高对方的期望值，而且也未给己方留出丝毫的余地。接下来的完全拒绝让步，不免会显得既缺乏灵活性，又容易使谈判陷入僵局。因而这种方式可以称之为“低劣型”让步方式。

谈判是一个循环的过程。每一阶段的谈判，每一次双方重新坐到谈判桌前，每一点分歧的消除，都要经历一个由分析准备到营造融洽谈判气氛，再到进行实质性磋商，最后再到意见达成一致的过程。每一次这个过程的完成，都是对整个谈判朝着双方最终达成合同的方向发展的一次重要的推动。比如，一个项目的谈判过程就是由许多个可以相对独立的、更小规模的谈判组成的，也只有通过它们的循环推进才能最终实现项目的合作成功。

第二节　商务谈判的策略分析

一、商务谈判策略的解析

(一) 商务谈判策略的定义

从企业经营的角度来说，商务谈判策略是为了实现企业的经营目标，以及在市场竞争的环境变化中求得生存与发展所采取的一系列对策的统称。从商务谈判人员的习惯认识来说，可以把谈判策略理解为：根据谈判战略目标的要求和谈判情况的变化，灵活地贯彻实施谈判战略方案所采取的一切措施的总和。

上文已经对各个谈判阶段中的某些策略和技巧作了很多的介绍。一方面，是因为谈判策略与技巧是驾驭谈判过程的有效而重要的手段，必须运用于谈判之中；另一方面，也因为只有当谈判策略与技巧在谈判过程中得到运用时，它才具有现实意义。然而，如果要对谈判策略与技巧有系统、全面的理解，还必须做进一步的专门研究。

策略与技巧是既有联系又有区别的两个不同的概念。策略是指人们谋事的基本计策与方略，技巧则是指人们进行某种具体活动的技术及其灵巧性。策略与技巧的主要区别：首先，策略解决的是大的、影响局面的问题，它的主要目的是获取优势，而技巧解决的是具体的、一时一事的问题，它的主要目的是获取效率。其次，策略具有相对的稳定性，而技巧具有很大的灵活性。再次，策略体现于方案，而技巧体现于语言，因此谈判技巧也被人们称为“谈判艺术”。

策略指导技巧，技巧实施策略。谈判的策略性主要表现为谈判的总体以及每一部分设定一个谈判思路，它要解决“做什么”的问题。比如，是说服对方，还是压服对方？是运用手腕对对方施加控制，还是借用第三方的力量控制对方？是采取合作的态度，还是引发冲突？是快速进取，还是延长施加压力的时间？等等。而谈判的技巧则不同，它主要表现在如何去实现策略，它要解决“怎么做”的问题。当然，有时谈判的策略与谈判的技巧也很难区分，常常交织在一起，也没有必要去钻牛角尖。

但是，策略不等于战略。战略是总体的策略，它指导全局和整体，战略要实现的是总体的目标；而策略则可以具有阶段性和局部性，它主要实现的是阶段的或局部的目标，如开局的策略、报价的策略以及让步的策略等。

(二) 商务谈判策略坚持的原则及作用

1. 原则

商务谈判要坚持下面几个原则：

(1) 有效性。在谈判中，所运用的策略应具有针对性，这样才能产生有效的结果。这就要求谈判人员既要掌握各种谈判策略，又要具有丰富的谈判实践经验，而且能灵活运用各种谈判策略，“纸上谈兵”无疑只会弄巧成拙。这是因为谈判中的情况千变万化，如果死搬策略，反而易于被对方识破而将计就计，使已方落入圈套。因此，谈判人员要有效运用策略，就必须认真学习和研究各种策略，针对不同的谈判场合，结合种种实际变化，灵活地运用各种策略及策略组合，力求融会贯通。

(2) 周密性。制定谈判策略务必周密，因为当一个策略在针对某一个情况的时候，它很可能同时涉及其他的情况，也就是说，一个策略有可能在带来利益的同时，也会带来不利。因此，在制定策略时，一定要考虑再三，不妨把困难想得多一点，然后再通过组合策略的设计，使运用的策略周密严谨，这样才会给己方带来谈判的优势。

(3) 应变性。美国谈判专家尼尔·伦伯格(Nierenberg)曾这样说过：“成功的谈判者，必须把剑术大师的机智和速度与艺术家的敏感能力融会于一体。他必须像一个剑术大师，以锐利的目光，机警地注视谈判桌那边的对手，随时准备抓住对方防线中的每一个破绽，随时洞悉对方策略上的每一个变化，随时利用每一个微小的进攻机会。同时，他又必须是一个细腻敏感的艺术大师，善于体会辨察对方情绪或动机上的最细微的色彩变化。他必须能抓住灵感产生的一刹那，从色彩缤纷的调色板上选出最合适的颜色，画出构图与色调完美和谐的佳作。谈判场上的成功，不仅是得自充分的训练，而且更关键的是得自敏感和良机。”这段话表明，在谈判中抓住机会、灵活应变，有多么重要。灵活应变原则是由谈判活动的特性决定的。在谈判过程中，情况错综复杂、变幻莫测，这就需要谈判人员根据谈判的变化灵活应对，根据不同的情况选择运用不同的策略。

(4) 合情合理。这里所谓合情，是指谈判策略的运用合乎实情，符合经济交往的游戏规则。谈判人员运用谈判策略的目的是让对方接受对双方都有利的条件和方案。因此，在本质上，对谈判策略的运用不是强词夺理、胁迫欺诈、以强凌弱，而是摆事实、讲道理。

这里所说的合理，是指谈判策略的运用合乎法理。根据我国法律的相关规定，谈判策略应当建立在“平等互利”“等价有偿”“协商一致”原则的基础上，而不能“采用欺诈、胁迫等手段签订合同，违反国家利益或社会公共利益”。运用合法的谈判策略不仅不会使对方说己方不道德，而且还会被对方认为是尊重。

2．作用

充分认识商务谈判策略在实践中的积极作用，有助于谈判人员更加自觉有效地运用策略。商务谈判策略具体有下面几点作用：

(1) 得当的商务谈判策略是实现谈判目标的桥梁。谈判双方或多方之间的利益要求是有很大差别的。那么，如何在这种差别中找到互利共赢的途径，从而缩短与目标的距离呢？这就需要谈判策略来起一个桥梁的作用。在商务谈判中，不运用策略的情况是没有的，也是不可想象的。策略本身可以促进或阻碍谈判的进程，运用得当的策略可以促进交易的尽快达成，而运用不当的策略会起副作用或反作用，从而延缓或阻碍目标的实现。

(2) 商务谈判策略是实现谈判目标的利器。“工欲善其事，必先利其器”。谈判人员要实现谈判目标，手中也必须有各种各样的“利器”，那就是谈判策略。谈判人员要多设计一些谈判策略，以增大选择的余地。如果只有那么几招，就容易被对手识破，自然难以顺利地实现自己的目标。一般来说，谈判高手总是能够在众多的谈判策略中选用适合的策略来实现自己的目标。因此，商务谈判人员应注重平时积累、掌握策略。

商务谈判固然是一种看不见刀光剑影的“战争”，但谈判各方的关系绝不是敌对关系，彼此之间的冲突多为经济利益的冲突。因此，在了解双方需求的基础上正确选择适当的谈判策略，借助“利器”，便可以有效地维护自己的权益。这是正常的、光明的“取胜之道”。

(3) 商务谈判策略是谈判中的“筹码”和“资本”。在商务谈判中，谈判各方无不希望建立己方的谈判实力，强化己方在谈判中的地位，发挥己方的优势。要建立自己的谈判实力，就必须拥有谈判的“筹码”和“资本”，而谈判策略就是一种谈判的“筹码”和“资本”，谈判人员掌握了较多的“筹码”和“资本”之后，就会成竹在胸，从而灵活自如地运用各种策略。

(4) 商务谈判策略具有调节、调整和“稳舵”的作用。在商务谈判中，为了缓和紧张的气氛，增进双方的彼此了解，有经验的谈判者通常会选用一些策略来充当“润滑剂”。例如，在谈判开局阶段通过彼此的问候、谈论一些中性话题等来调节气氛。在大家比较累的时候，可以采取场外娱乐的策略来放松身心。当谈判出现僵局的时候，可以运用让步的策略来使谈判继续进行。当谈判偏离主题的时候，可以运用暂时休会的策略，以避免谈判偏离大方向。总之，谈判策略在商务谈判中可以起到调节、调整和“稳舵”的作用。

(5) 商务谈判策略具有引导功能。商务谈判的各方都是为了己方的利益而努力，彼此是对立的一面是客观存在的，但大家又都在一条船上。既然在一条船上，如果破釜沉舟，谁也得不到好处。与其如此，不如各方齐心协力，增强船的抗风险能力，同舟共济，利益共享。高明老练的谈判人员在商务谈判过程中常常会借助各种策略，引导并提醒对方“顾大局、识大体”，彼此应该在坚持己方各自目标利益的前提下，共同努力，把船划向成功的彼岸。所以，商务谈判策略又被人们理解为引导谈判顺利发展的航标和渡船。

虽然商务谈判策略是制约谈判得失成败的一个重要砝码，但并不是所有的商务谈判策略都同时具备上述作用和功能。而且，同一策略在不同的谈判环境下运用，其作用也是有差异的。不过，从所有的商务谈判策略显示的作用上看，上述作用是主要的。

(三) 影响谈判策略选择与运用的要素

一般而言，影响商务谈判策略的选择和运用的因素主要有以下八方面：

1．谈判的内容及性质因素

谈判的内容与性质不同，运用的策略会有所差别，例如，同样是商务谈判，贸易谈判的策略与索赔谈判应用的策略就有所不同。

2．谈判者的目的因素

目的决定策略。谈判人员的目的大致分为两类：一类是以追求协议的达成为主；另一类是以追求己方的最大利益为主。两种不同的目的产生了两种不同的谈判策略。以协议的达成为主要目的的谈判人员，则适宜采用软式、积极、防御的谈判策略；相反，以追求最大利益为主要目的的谈判人员，则适宜采用硬式、消极、进攻的谈判策略。当然，这也不是绝对的，因为无论要达到什么样的目的，谈判人员都会竭尽全力维护己方的最低利益要求，会设法在协议的达成与维护己方的利益间取得某种平衡，这就使策略具有了一定的灵活性。

3．谈判双方的实力对比因素

谈判实力是影响谈判策略选择与运用的主要因素，也是直接因素，因为谈判实力综合反映了双方的状况和力量，而且决定着谈判的主动权和谈判双方的利益分配。一方面，谈判人员总是要根据双方的实力对比情况来制定适宜的谈判策略，如果己方实力弱于对方，通常会更多地采用建立良好关系、以柔克刚等策略；反之，如果己方实力强于对方，则往往采用向对方实施压力、主动进攻等策略。另一方面，因为谈判实力是历史的、可变的、潜藏的，所以如何增强和运用谈判实力本身就构成了谈判策略的一个重要组成部分。

4．谈判双方的关系因素

谈判双方的关系是指谈判双方之间的交往程度、熟悉程度、友好程度以及信任程度等，它决定着谈判策略的“质”(性质)和“度”(力度)。也就是说，如果谈判双方已经比较熟悉和了解了，那么谈判就可以更直接、更坦诚、更爽快一些，谈判谋略就会运用得少一些，谈判策略的力度也会小得多；相反，如果谈判双方是首次谈判，因为双方不可知和不确定的因素较多，谈判谋略的运用就会多一些，力度也会大一些。

5．商务谈判对象的状况因素

商务谈判对象的状况是指谈判对方的具体条件及状态。在商务谈判中，谈判者总是要根据对方的具体条件和状态决定谈判策略。一般来说，商务谈判对象的状况主要包括以下几个方面：

(1) 商务谈判对象的地位和权力。也就是对方主谈人是低级职员还是高级职员，有行政权力还是无行政权力。主谈人的具体情况不同，选择的商务谈判策略会有所不同。一般来说，对前者运用谈判策略没有限制，而对后者有的商务谈判策略则不宜采用。

(2) 商务谈判对象的风格和经验。对那些擅长商务谈判、熟悉己方和己方所在地习惯的谈判对象，与对那些初次参加谈判或者第一次到该市场的谈判对象，所运用的谈判策略会有很大区别。通常情况下，对前者选用的谈判策略要多变，而对后者所选用的谈判策略则不一定太复杂，节奏也不宜太快。

(3) 商务谈判对象的动机和态度。某一商务谈判的重要性以及与对方长期合作的可能性，往往会影响谈判的动机和态度。谈判人员对持友好、渴望成功、追求合作态度的谈判对手，与对持冷淡、敷衍应付、成不成交无所谓态度的谈判对手，选用的谈判策略应各有侧重。通常情况下，对前者，既可以柔对柔，又可以刚对刚；而对后者，则应以柔克刚，辅之以必要的以刚制刚。

(4) 商务谈判对象的性格和气质。谈判人员对急躁直率的谈判对手，与对温和婉转的谈判对手，运用的谈判策略应有所不同。一般而言，对前者，应多用幽默实施、放纵编排、情绪协调、感情缓解、诱惑报价、求疵还价、象征让步等策略；而对后者，则应多用坦诚实施、操纵编排、利益协调、压力缓解、主动报价、反攻还价、积极让步等策略。

6．商务谈判的焦点因素

商务谈判的焦点，实际上就是谈判双方矛盾的争议点和集中点。在商务谈判中，要选用那些有利于化解谈判双方矛盾的争议点和集中点的谈判策略。一般而言，对于那些内容较为单一或争议不大的，特别是交易条件已趋向确定的商务谈判，应该重点运用交易促成策略。这是因为这些谈判涉及的信息量比较小，运用谈判策略的余地比较有限。而对那些内容复杂、矛盾突出和争议较大的商务谈判，在运用谈判策略时就应该格外讲究，布局要有总体性和程序性，环环相扣，做到攻防严谨、寸利必争。特别是在讨价还价阶段，对于商务谈判的关键点和敏感点，大部分谈判策略都可以采用。

7．商务谈判所处的阶段因素

不同的谈判阶段，对谈判策略的运用也会有所不同。商务谈判从双方谈判人员见面、接触，到双方各自陈述、倾听和发问，这是开局摸底阶段；这一阶段双方主要是开局、摸底以及谋取谈判的主动权，因此谈判策略主要是开局的控制策略和摸底的施行策略。商务谈判从一方报价，另一方还价和双方的继续出价、回价，这是报价、磋商阶段；双方主要是进行讨价还价，努力争取各自的最大利益。这一阶段是谈判最激烈的阶段，使用的谈判策略密集而多变，自由度也比较大。商务谈判双方经过磋商达成共识，成交而至签约，或者双方磋商失败未能成交而终止谈判，这是商务谈判的最后阶段。这一阶段可长可短，短即成交或者破裂，长则不战或者拖下去，但所用的谈判策略主要为成交的促成策略。

8．商务谈判的组织方式因素

商务谈判的组织方式主要是指商务谈判的一方或双方进入谈判的形式、规模和范围。在商务谈判中，谈判的对方是一个实体还是若干个实体，是分别谈判还是联合谈判，联合谈判是紧闭型的、半紧闭型的，还是松散型的，这些对谈判策略的选用都有很大的影响。一般而言，在一个实体对若干实体的谈判中，可以更多地采用竞争性谈判策略，如高限定价法、比照还价法和求疵还价法；在松散型的实体的谈判中，则可以更多地采用施压类的谈判策略。

（四）商务谈判策略的制定步骤

制定商务谈判策略的步骤是指制定策略所应遵循的逻辑顺序。制定商务谈判策略的主要步骤如下：

1. 了解影响商务谈判的因素

谈判策略制定的起点是对影响谈判的各个因素的理解和把握。这些因素包括谈判中的问题、双方的分歧、态度、趋势、事件等，它们共同构成了一套谈判组合。谈判人员首先要将这个“组合”分解成不同的部分，进而找出每部分的意义；然后，在经过重新安排和观察分析之后，找出最有利于自己的组合方式。

为了准确判断在谈判过程中采取进攻或撤退的最佳时机，寻找最适宜的手段或方式，达成最有利于己方的协议，谈判人员需要提前制定出恰当的谈判策略。由于谈判是个动态的发展过程，必然要求谈判人员能够针对谈判中的发展趋势做出适当的反应，并随时调整谈判策略。

2. 寻找商务谈判的关键问题

谈判人员在对相关现象进行科学的分析和判断之后，就要对问题特别是关键问题做出明确的陈述与界定，弄清楚问题的性质及其对整个谈判的成功有何障碍等。

3. 确定商务谈判的具体目标

根据对现象的分析找出关键问题之后，便能知晓在谈判进程中应该如何根据当时的环境变化，调整和修订原来的目标；或者通过对各种可能性的目标进行分析，确定一个新的目标。实际上，这个过程就是一个根据自身条件和谈判环境的要求寻找各种可能的目标进行动态分析判断的过程。谈判目标的确定，关系着整个谈判策略的制定和将来整个谈判的方向、价值以及行动。

4. 形成商务谈判的假设性方法

针对谈判中可能出现的问题的不同性质和特点，寻求解决问题的途径和具体方法，当然，这些途径和方法都是假设性的。这就要求谈判人员对不同的问题进行深入的分析，并能突破常规限制，尽力探索出既能满足自己期望的目标，又可以解决问题的方法来。

5. 深度分析、比较商务谈判的假设方法

在提出了假设性的解决方法后，要求谈判人员在决策理论的指导下，运用一系列的定性和定量的分析方法，对假设方法进行深度分析、比较，权衡利弊，从中选优。分析的标准是"有效"和"可行"。所谓有效，即指方法的针对性强，既能切实解决问题，又能实现利益目标的要求；所谓可行，即指方法本身简便易行，而且要在谈判对方认可和接受的范围之内。

6. 形成具体商务谈判的谈判策略

在进行深度分析得出结果的基础上，接下来就要对拟定的谈判策略进行评价，以得出最后的结论。与此同时，谈判人员还需要考虑提出假设性谈判策略的具体方式、方法。根据谈判的进展情况，特别是当己方已经准确掌握了对方的企图以后，就要考虑在什么时候提出，以什么方式提出的问题了。综合考虑这些方法和提出问题的时间及方式，确定这些假设方法中哪些是最好的、哪些是一般化的、哪些是迫不得已的，也就是形成所谓的"上策"或"下策"。

7. 拟订商务谈判的行动计划草案

有了具体的谈判策略之后，紧接着便要考虑谈判策略的实施问题了。通常情况下，应该从一般到具体提出每位谈判人员必须做到的事项，把各个事项在时间和空间上安排好，并且进行反馈控制和追踪决策。

以上步骤，只是针对商务谈判的一般情况来说明如何制定谈判策略。在具体实施上，上述步骤不一定如此机械地排列，各步骤间也不是截然分开的。实际上，这些步骤和程序仅仅是制定谈判策略时应大体遵循的逻辑思维而已。

二、商务谈判策略的类型划分

（一）商务谈判策略的基本类型划分

根据谈判策略的性质与特点，可以将谈判策略分为谈判的总体策略和谈判的具体策略两大类。

1. 商务谈判的总体策略

谈判的总体策略是指关于谈判全局的策略，是谈判的基本思想和指导纲领，也是谈判的战略。谈判总体策略的基本内容如下：

(1) 谈判理念。包括谈判的观念、目的、原则等，它是谈判的最高指导思想。

(2) 谈判目标。是指谈判应该达到的利益结果。它是谈判目的的直接体现。

(3) 谈判方针。是指谈判的基本方向、策略及路线，体现为谈判的基本立场、姿态、方式等。

(4) 谈判步骤。是指实现谈判目标的基本步骤及程序。

(5) 战略措施。是指实现谈判目标的重大、重点措施。

2. 商务谈判的具体策略

谈判的具体策略是指针对某一具体场合和目标的策略，是谈判总体策略的具体化。谈判的具体策略一般可以划分为以下4个部分：

(1) 不同态势的谈判策略。这是指针对不同实力对比情况下的谈判策略，如优势条件下的谈判策略、均势条件下的谈判策略、劣势条件下的谈判策略等。

(2) 不同阶段的谈判策略。这是指在不同的谈判阶段所采取的谈判策略，如开局阶段的谈判策略、磋商阶段的谈判策略、成交阶段的谈判策略等。

(3) 不同对手的谈判策略。这是指针对不同的谈判对手所采取的谈判策略，如针对强悍对手的策略、针对苛刻派对手的策略等。

(4) 不同任务的谈判策略。这是指针对不同的谈判任务所采取的谈判策略，如开局的策略、报价的策略、还价的策略、处理僵局的策略、让步的策略等。

（二）商务谈判策略的总体策略

根据不同的划分标准，可以将商务谈判的总体策略划分为不同的类型。

1. 根据谈判的基本方针

根据谈判的基本方针，可以将商务谈判的总体策略划分为软式谈判策略、硬式谈判策略和原则谈判策略三类。

2. 根据谈判的基本姿态

根据商务谈判的基本姿态，可以将商务谈判策略划分为积极策略和消极策略两类。

(1) 积极策略。积极策略是指以创造良好的谈判气氛、推动双方积极合作的一种谈判策略。这种策略的基本方式是行为的正强化，也就是说，鼓励对方做出有利于己方的行为，同时己方也将给予对方相应的报偿，双方实现互利互惠。积极策略的要义在于通过一种积极的、高调的姿态，创造出一种有利于双方互谅互让、精诚合作的氛围和行动。

(2) 消极策略。消极策略是指以维护己方利益为主、迫使对方主动让步的一种谈判策略。这种策略的基本方式是行为的负强化，也就是说，阻止对方采取对己方不利的行为；如阻止无效，就要给予相应的惩罚。这种策略的要义在于通过一种消极的、低调的姿态，给对方施加压力，促使对方降低对谈判的期望，甚至主动做出让步。

积极策略和消极策略各有各的优、缺点。通常情况下，积极策略更适合于谈判实力较弱的一方，以及对谈判对方比较了解或关系比较友好的情况；而消极策略则更适合于谈判实力较强的一方，以及谈判双方不太了解或关系比较紧张的情况。

3．根据谈判的基本方式

根据谈判的基本方式，可以将商务谈判策略划分为攻势策略和防御策略两类。

(1) 攻势策略。攻势策略是指以进攻为主，主动向对方施加压力的一种谈判策略。这种谈判策略强调的是先发制人、先入为主、攻其不备、出其不意，在主动进攻中掌握主动权。攻势策略的缺点是容易暴露己方的意图和实力，一旦被对方所利用，反而会失去主动。比如，谈判中先提出条件的一方，往往比较容易陷入被动。

(2) 防御策略。防御策略是指以防御为主、伺机发动反攻的一种谈判策略。这种谈判策略强调的是坚固防守、后发制人，在防御中消耗对方的力量，摸清对方的虚实，一旦对方的弱点暴露出来就反守为攻。客观地说，纯粹的防御策略是不可取的，因为这会让对方呈咄咄逼人之势，不断地将攻势由一个点转移到另一个点，去搜寻防御中的漏洞，而己方只能疲于应付，最终必将难以招架。

攻势策略与防御策略是辩证的，在谈判中不可能纯粹地“攻”，也不可能纯粹地“守”，攻有攻的优点，守也有守的优点，谈判高手总是该攻则攻、该守则守、攻守结合。一般来说，攻势策略适用于对对方的情况比较了解，或己方的实力强于对方的情况；若是相反，则适宜采取防御策略。

(三) 商务谈判主动权的谋取策略

1．谈判人员的谋取策略

谈判者的素质、能力、经验、风格、关系等，都是影响谈判实力和结果的主要因素。因此，选择合适的谈判人员、对谈判人员进行良好的组织和管理，是企业获取谈判优势的重要途径。谈判人员策略的表现方式是多种多样的，主要有以下 9 种：

(1) 升格策略。当等级较低的谈判人员之间不能取得较好的谈判效果时，谈判双方或者一方派出等级更高的谈判人员出面洽谈是取得谈判突破的一个良好策略。

(2) 影子策略。运用这一策略是为了摸清对方的虚实和底细。一方先派出“影子人员”(非真正谈判人员)与对方接触和周旋，等到情况搞清楚后，再派出真正的谈判人员开始谈判。

(3) 专家策略。派出某一方面的专家或权威参与谈判，因专家有较高的威信和影响力，易于取信于人，其观点也易于被对方接受，因此谈判效果往往较好。

(4) 对等策略。谈判中非常讲究等级资格和地位的对等，因为派出等级、职务对等的谈判人员通常可以进行充分的沟通和协商，并取得较好的谈判效果。

(5) 幕后策略。谈判的真正决策人物不出场，而在幕后指挥操纵。这样做的好处是可以给己方留出足够的回旋空间，一旦谈判出现什么情况，幕后人物即可出来斡旋和圆场。

(6) 预备队策略。在谈判中，充分利用台上、台下人员的分工，在台上人员与对手交锋时，给台下人员留出充分的准备时间，并不失时机地让台下人员来到台上参与谈判。

(7) 中间人策略。当谈判双方陷入紧张局面而不能自拔时，可以从外界寻求有影响力的第三者来协调双方的关系和立场，并谋求各方接受的新方案，使谈判取得新的进展。

(8) 调整关系策略。通过调整双方谈判人员之间的亲疏、远近关系，来谋求有利的谈判地位。一般而言，当己方谈判实力弱于对方时，应该尽量搞好与对方的个人关系，拉近双方的距离；相反，如果己方谈判实力强于对方，则不宜与对方个人的关系搞得太近，以避免受制于人。

(9) 车轮战策略。也就是派出不同的谈判人员轮番上阵与对手辩论，形成人数、气势上的优势，给对方造成较大的心理压力，从而疲于应付，最后不得不做出退让。

2．谈判时间的谋取策略

任何形式的谈判都是有时间限制的，随着时间的推移，对谈判各方的心理都会有不同的影响，同时，双方的实力对比和地位也会发生相应的变化。运用时间的影响力已经成为谈判策略的重要组成部分，也是谋取谈判主动权的重要途径。其时间的谋取策略有以下几点：

(1) 休会策略。休会策略是指在谈判过程中，当遇到某种障碍或出现某种突然事件时，谈判一方或双方提出暂时中止谈判，另约时间重新谈判的策略。休会，可以缓冲谈判双方的矛盾或者紧张关系，转换谈判的气氛，也可以让谈判人员得到休整，重新思考谈判的方法与策略，还可以在己方处于不利形势的时候，改变不利的局面。

(2) 截止期策略。截止期策略又称“最后期限策略”，是指通过向对方提出谈判的最后期限(截止期)，给对方施加压力或打乱对方的部署，从而为自己争取谈判主动权的一种策略。运用截止期策略的前提是使对方相信这个“最后期限”是真实的，否则不会有效果。因为“最后期限”具有一定的威胁性，所以谈判人员在使用时应把握好它的“度”，考虑好口吻和语气；同时，还应该给自己留出一定的余地，对方一旦不予理会，己方仍有继续与其谈判的可能。

(3) 控制议程策略。谈判议程分配了不同谈判议题的顺序与时间，以己方为主，控制整个谈判议程是争取谈判主动权的一项重要措施。通过议程安排，既可以使谈判紧凑进行，紧扣谈判主题；也可以使谈判变得冗长而乏味，偏离主题而陷入枝节的纠缠。可以说，谈判议程不同，对谈判者的精力、心理、意志的影响也大有不同。一般来说，争取到对己方有利的谈判议程就可以取得有利的谈判结果。

(4) 时机策略。时机策略是指谈判者要选择适当的时机采取行动、在适当的时机开始谈判、在适当的时机提出谈判方案、在适当的时机报价与讨价还价、在适当的时机做出必要的让步、在适当的时机退出谈判、在适当的时机达成交易等。在谈判中，任何举动都要慎重选择时机。时机选择过早容易导致准备不充分或显示出己方的急切心态，失掉主动权；过迟又容易失去谈判或进攻的最佳机会，事倍功半。时机策略的精髓就在于懂得选择在有利于己方的时候行动，特别是在己方的谈判实力强于对方时要果断出击。

(5) 拖延策略。通常情况下，谈判中哪一方能经得起时间的考验，有耐心，哪一方就能取得有利的结果。可以说，拖延是削弱对方实力，使己方由被动转为主动的有效手段，所以它是谈判中最常用的战术之一。使用拖延的手段可以是暂时中止谈判、有意延缓时间、暂时不回答对方、有意回避问题、耐心等待让对方先表态等。当然，不是什么时候都可以拖延的，也不是越拖延越好，当情况变得对己方越来越不利时就应果断行动。

(6) 僵局策略。僵局策略是指在谈判中有意通过较苛刻的条件或拒不让步来制造僵局，随着时间的推移，使对方面临的压力越来越大，最终不得不做出某种选择。这种策略是一种假性败局，谈判人员一定要把握好“时”和“度”，否则，就会弄假成真，出现不希望看到的真败局。

3．谈判信息的谋取策略

商务谈判是一场心理战，也是一场信息战。谈判双方信息掌握的多少与真伪，在很大程度上制约着谈判的局面。谈判人员对信息运用得是否得当，则影响着对方的行为反应及谈判效果。因此，可以说，信息策略是谋取谈判主动权的一项重要策略。

(1) 信息诱导策略。在谈判过程中，谈判者主要是根据其所掌握的信息来采取行动，信息诱导的目的就是要通过有意识的信息发布和传递，来调动和诱导对方的行为。信息诱导策略主要强调的是造势夺声、虚实结合。所谓势，就是要通过信息传递营造对于己方有利的形势；所谓声，就是通过信息传递制造对于己方有利的言论或舆论；虚，讲究的是用假象迷惑对方，使对方难以正确判断；实，强调的是以理服人，注重事实胜于雄辩。比如，在谈判某一个条件之前，一方通过某种方式的“放风”，就可以使对方事先产生某种心理适应或定式，一方一旦在谈判桌上正式提出该条件时，对方也就不那么抗拒，而变得更容易接受了。

(2) 信息传递策略。同样的信息内容，由于其传递的方式、时机、渠道、场合等的不同，谈判者对信息的接受程度、信任程度也多有不同，由此对双方产生的影响程所起的作用也是大不一样的。因此，在运用信息传递策略时，就要选择对方接受程度和信任程度比较高的传递方式，以增强信息对对方的影响力，从而获得有利的谈判地位和结果。比如，从信息传递的媒介来看，越是正式的媒介(报刊)，其信息传递的效果越好；从信息传递的方法来看，暗示往往比明示具有更大的回旋性；从信息传递的渠道来看，统一传递往往比分散传递的效果要好，第三者传递往往比自己传递的效果要好；从信息传递的时间来看，信息传递得越及时，对对方的影响力就会越大；从信息传递的场合来看，有些信息适合于公开传递，而有些信息则适合于私下传递。

(3) 信息优势策略。信息优势策略是指通过掌握比对方更多、更确切的信息，从而取得信息优势的策略。换言之，信息优势策略就是要了解对方的信息多，而让对方了解己方的信息少；或者己方掌握相关的信息多，对方掌握相关的信息少。一般来说，己方知道对方的东西越多，或者对方知道己方的东西越少，谈判策略运用的空间也就越大，谈判的主动权自然就会掌握在己方手里。

谈判人员制造信息优势的基本策略是：在自己的公开中藏匿自己，在对方的藏匿中公开对方。就是说，要注意在自己公开的资料和信息中，将己方真正的利益、意图、需要以及计划等隐藏起来，让对方难以捉摸，也就无从进攻；同时，还要尽量搜集对方的真实情报和实力，掌握对方隐藏不露的真正意图，使己方的进攻有的放矢。

4．谈判权利的谋取策略

权利是一种影响力和决定力，而谈判权利是谈判主动权的重要来源。简单地说，谈判权利策略就是如何增强谈判权利的策略，该策略往往与人员策略、信息策略结合起来运用。谈判权利的谋取策略有以下几点：

(1) 专长权利策略。专长权利策略是指利用谈判者某一方面被公认的专长或利用专家的权威来取得对谈判的影响力的一种策略。专长能够产生某种影响力，因而它也是一种权利。利用专长带来的权利，通常能取得较好的谈判效果。比如，己方是某一行业或领域的领先者，己方的谈判人员有高学历，己方的技术专家是某一方面的知名权威、高职称或者曾获得过什么荣誉等。

(2) 魅力权利策略。人格魅力也是一种影响力，因此它同样是一种权利。魅力权利策略是指通过展现谈判者的人格魅力来取得对方的信任，从而获得影响力的一种策略。谈判人员的魅力主要来源于谈判人员的修养、形象、气质、魄力、胸怀、见识、幽默感等方面，这些都属于思想品格层面的东西。所以说，谈判人员要提高自身的人格魅力，就必须加强思想品格修养，这是获取谈判主动权的基本途径之一。

(3) 筹码权利策略。筹码是指谈判中对己方有利的交易条件。一般来说，一方筹码越多、越强、保留的时间越长，与对方讨价还价的条件就越有利，也容易取得谈判的主动权。筹码权利策略实际上就是通过设置和保留谈判的筹码来获取谈判权利的一种策略。在谈判中，筹码主要来源于设计交易的保留条件，只有在需要时才把它拿出来与对方讨价还价，此时它就成了用来争取谈判主动权的"筹码"。如果一次性或过快地把所有的条件或优惠给对方，那么也就失去了筹码。

(4) 正式权利策略。正式权利策略是指运用正式的权利来增强谈判主动权的策略。一般包括三方面的策略：

1) 权利更大策略。就是通过赋予谈判人员更高的职务、荣誉或更大的谈判权，抑或派出职位更高的谈判人员，来增强己方在谈判中的影响力。比如，给谈判人员封一个更有利于谈判或表态的职务，就可以更好地促进谈判的高效进行。当然，谈判人员表现出来的权利与其实际拥有的权利是不同的，通常来说，授予谈判人员部分权利比授予全权更为有利。

2) 权力有限策略。就是当谈判人员发现正在被对方逼着接受不同意的条件时，就可以声明自己没有被授予相应的权利，从而达到拒绝对方要求的目的。当然，"权力有限"可以是真的，也可以是假的，它通常是谈判者抵抗到最后的一张王牌，而且对合理合情地抗拒对方的要求十分有效。

3) 主持权利策略。这是指利用谈判主持人或主场人的权利的策略。比如，谈判主持人可以在谈判时间、地点，议程的安排，谈判开局等方面发挥主导作用。

(5) 模糊权利策略。模糊权利策略是指在谈判中模糊其事、不明确表态所获得的谈判主动权的一种策略。在谈判中，有时表述得越具体、越明确就越被动；相反，表述得越抽象、越模糊就越主动。模糊可以使对方不明确己方的意图，同时使己方赢得时间和空间，因此也就获得了主动性。

(6) 后发权利策略。在谈判中，先提出条件与后提出条件、主动与被动通常影响着双方的主动权。所谓后发权利策略，是指通过有意让对方先提出条件，让对方主动与己方协商，或先造成某种有利于己方的既成事实后谈判，来获取谈判主动权的一种策略。在谈判中，“后发”往往具有优势(不是绝对如此)，因为先发的一方已经有了限制的一端，而后发方则可以自由地跑到另一端。比如，谈判人员少表态，就可以在谈判中争得更多的主动权；而且让对方来说服自己做交易比己方去说服对方做交易要主动、有利得多。

(7) 逼迫权利策略。逼迫权利策略是指在谈判中逼迫对方做出最后表态，否则己方就要采取相应行动所获得的谈判主动权的一种策略。任何人都有自己的权利，最起码有选择做还是不做的权利。逼迫权利在谈判中往往表现为“最后期限”“最后通牒”“威胁”等方式，促使对方不得不做出回应。不过，使用逼迫权利策略也是有风险的，因此通常放在谈判的最后阶段使用。

(8) 合法权利策略。合法权利策略是指利用法律政策的规定、商业习惯、文化习俗、交易先例等方面赋予的“合法”权利，为己方谋得有利地位的一种谈判策略。合法权利通常具有较强的约束力和说服力，因此易于被对方接受。比如，利用宗教习俗来更改谈判的时间，利用“没有先例”来拒绝对方的要求，利用商业惯例让对方先报价等。

(9) 竞争权利策略。竞争权利是指来源于己方给对方制造的竞争压力所带来的权利。也就是说，在谈判中，如果己方给对方制造的竞争对手越多，竞争压力越强，那么己方的谈判权利就越大，谈判的主动权也就越强。无论是买方还是卖方，都可以设法给对方制造竞争压力。

三、如何应对风格不同谈判者的策略

谈判人员由于在文化、修养、性格、经历等各方面存在差异，往往会表现出不同的谈判风格和特点。对不同风格的谈判对手，应采取相应的策略。

(一) 应对“阴谋型”的谈判者

在商务谈判中，有些谈判人员为了满足己方的利益要求，往往会使用一些诡计来诱惑对方，图谋达成不公平的协议。当碰上“阴谋型”谈判对手时，为了维护己方的正当利益，可以采取以下策略：

1. 对付抬价的谈判策略

抬价本是商务谈判中的常事，但是“阴谋型”谈判者往往使用不正当的手段来抬价。例如，双方已经商定好了价格，第二天对方却突然提出抬价。对付对方这一手可采用以下办法：①在讨价还价时，就要求对方做出某种保证，以防其反悔；②尽早争取对方在协议书或合同上签字，以防止对方反悔或不认账；③如果发现对方施诡计，应当及时指出，争取主动；④终止谈判。

2．假痴不癫的谈判策略

该策略的真谛是表面装傻、暗中策划、不露声色、等待机会，迫使对方让步，或是诱使对方自作自受。例如，某商品原售价 50 元，这时对方故意将该商品的价格提高到 55 元，即使己方明知是骗局，也仍表示愿意以 52 元的价格接受。这样，对方觉得赚了一笔也就不再提其他的要求了。拖些日子之后，己方再去找对方，提出多项理由作为杀价的筹码，同时明确告诉对方，现在该商品的市场价最多是 40 元，己方实在无法按 52 元成交，迫使对方杀价。但要注意：在预付订金时，不要签合同，仅签订一份意向协议即可。

3．反车轮战的谈判策略

车轮战是一种通过不断更换谈判对手，以使对方筋疲力尽，从而迫使对方做出让步的策略。在谈判中，对付车轮战的策略，就是运用反车轮战策略。具体做法有下面几点：

(1) 及时揭穿对方的诡计，并敦促对方停止换人。

(2) 制造借口拖延谈判，直到对方原来的谈判人员重新回到谈判桌上再继续进行洽谈。

(3) 对更换上桌的谈判对手拒绝重复以前的陈述，而是静听对方的“报告”。此举一方面可以挫其锐气，另一方面使自己获得了一个养精蓄锐的机会。

(4) 如果新上桌的对手否认过去的协定，己方也可以针锋相对地否认自己曾经许下的诺言。

(5) 在消极对抗中，不要放过新上桌对手的新建议，而应抓住有利时机及时签约。

(二) 应对“固执型”的谈判者

固执型谈判者的特点是固执己见，不愿意接受任何人的建议，一切按习惯、按规章制度、按领导意图办事。对这样的谈判对手，可以采取以下策略：

1．以守为攻的谈判策略

固执型谈判者总是在坚持自己的观点时陈述各种理由。对此，己方谈判人员一方面必须耐心和冷静，仔细倾听对方的陈述，敏锐地捕捉其漏洞；另一方面要针对对方的观点准备详细的资料，特别是要注意诱发对手的兴趣，引导其需要，并利用对方的漏洞与弱点，组织攻势，增强谈判的力度。

2．制造僵局的谈判策略

谈判中出现僵局当然是令人非常不愉快的事情，但实践证明，人为地制造僵局，并且把僵局作为一种威胁对方的策略，比较有利于己方的谈判。不过，谈判人员在制造僵局时应考虑以下 4 个条件：

(1) 市场情况对己方有利。

(2) 让对方相信己方是有道理的，僵局完全是由于对方的原因造成的。

(3) 在制造僵局之前要设计好消除僵局的退路，并制订出完整的僵局“制造”方案。

(4) 制订消除僵局后的提案。

谈判人员应该牢记：制造僵局并不等于宣告谈判结束；打破僵局的真正目的也不是相互道歉，而是达成协议。

3．先例旁证的谈判策略

固执型谈判者的观点不是不能够改变，而是不容易改变。先例旁证策略，主要是针对对方所坚持的观点，用对己方有利的先例来论证新建议、新方案的合理性和可行性，以使对方转变观点。

(三) 应对“虚荣型”的谈判者

虚荣型谈判者的特点是自我意识较强、好嫉妒、爱表现，而且对外界的暗示较为敏感。对这种类型的谈判对手，一方面可以适当地满足其虚荣心，另一方面还要抓住对方的弱点，打开突破口，迫使对方妥协。可采取以下策略：

(1) 顾全面子策略。对爱虚荣的谈判对手，千万不要伤害了对方的面子，越是尊重，让步的可能性就会越大。

(2) 强化制约策略。虚荣型谈判者大都好大喜功、好说大话，谈判人员应抓住对方的这一特点，承诺过的话、说过的有利于己方的话，都记录在案，必要时还可以用“激将法”让其以书面的形式把口头承诺表示出来，或对达成的每一项协议都立字为证，防止其日后否认。

(3) 投其所好策略。根据虚荣型谈判者的特点，在谈判中投其所好地用一些其所熟悉的东西为话题，给一个充分表现自我的机会，从而虚荣心得到满足，可在一定程度上削弱抗衡的力度，而且也有利于己方通过对方的“自我表现”，了解和分析对方的实情。当然，也要注意提防对方表现的虚假性。

第三节　商务谈判的开局策略解读

一、商务谈判开局的方式与原则

(一) 商务谈判开局的方式

谈判正式开始后，谈判人员首先要表明各自的观点和交易条件。具体方式主要有以下 3 种：

1．书面和口头交易条件相互补充

在会谈开始时，将书面交易条件交给对方。书面提出交易条件的优点是：内容完整，可以把复杂的内容用详细的文字准确地表达出来，对方可以多人反复阅览，全面理解。但也有其缺点，如写上去的东西会形成一种束缚，而且难以更改；文字形成的条款不如口头的生动、热情，表达也不如口头的精细，尤其是涉及不同语种之间的转换时，局限性就更大。所以，谈判人员在提出书面交易条件之后，还应该做相应的口头说明和解释，这样就可以使自己的观点和条件表达得更清楚、更准确。

2．当面提出交易条件

这种方式是事先双方不提交任何书面形式的文件，而是在会谈时提出交易条件。这种方式的优点是：谈判人员可以见机行事，有很大的灵活性；先磋商后承担义务；可以充分利用感情因素，与对方建立个人关系，缓解谈判气氛等。其缺点是：容易受到对方的反击；阐述复杂的统计数字与图表等时相当困难；如果语言不同，可能会产生误会。

谈判人员在运用这种方式时，应当注意以下事项：

(1) 应有明确的谈判内容和要点。

(2) 对每个交易条件和立场的表达都应当清楚、准确、到位。

(3) 不要轻易承担义务，而要为谈判留有充分的余地。

(4) 要注意交易条件之间的关系。

(5) 注意纠正对方的概念性错误，其中也包括与自己无关的，防止对方借题发挥。

(6) 心态稳定，泰然自若。

3．提出书面交易条件，不做任何补充

在实践中，这种开局方式使用得较少。一般来说，只在两种情况下使用：一种情况是，本部门在谈判规则的束缚下不可能选择其他方式。例如，某部门向政府部门投标时只能使用这种方式，因为政府机构规定在裁定期间是不准和投标者磋商的。另一种情况是，该部门准备把所提交的最初的书面交易条件作为最后的交易条件。在此情况下，对提出交易条件的文字材料的要求是：各项交易条款必须写得准确无误，能够让对方一目了然，无须再做解释；如果是还盘，那么还盘的交易条件也必须是实盘，要求对方毫无保留地接受。

（二）商务谈判开局的原则

要使开局有利于谈判的发展，谈判人员就要遵循一定的原则。如谈判双方对发言的次序、发言的时间分配和议事日程的确定等，这些都需要按照一定的原则进行，否则，就会影响谈判的结果和效率。

谈判开局应遵循以下原则：

(1) 开局发言机会均等。

(2) 语言表达要简洁而轻松。

(3) 善于提出有利于合作的建议，并注意征求对方的看法。

(4) 肯定对方的意见。

(5) 队员之间要相互配合。

如果谈判人员能够遵循上述原则，谈判开局就不会出现混乱的局面，就可以把核心问题突出出来，这对谈判的进程和结局都会起到有益的作用。

二、商务谈判开局的策略

商务谈判开局的策略，是谈判人员为了谋求和实现对谈判开局的控制而采取的行动方式或手段。从商务谈判的实践看，通常采用的开局策略主要有以下几种。

（一）协商的谈判开局策略

协商的开局策略是指以协商、肯定的语言进行陈述，使对方对己方产生好感，着力营造双方真诚合作的谈判气氛，从而使双方在友好、愉快的氛围中展开谈判工作。

一般来说，协商式开局策略比较适用于谈判双方实力比较接近且双方过去没有业务往来的情况。双方第一次接触，都希望有一个良好的开端，因此要多用外交礼节性语言、中性话题，以使双方在平等、合作的气氛中开局。例如，谈判一方以商量的语气来征求对方的意见，而后对对方回复的意见表示赞同或认可，双方便可达成共识。此外，谈话要友好礼貌，充分尊重对方，但也不要刻意奉承。沉稳中不失热情，不卑不亢，自信而不自傲，把握住适当的分寸，就能顺利打开谈判局面。

（二）坦诚的谈判开局策略

坦诚的开局策略是指以开诚布公的方式向谈判对手陈述自己的观点和条件，尽快打开谈判局面。一般来说，坦诚的开局策略比较适合于谈判双方过去有过商务往来、关系很好、互相都比较了解的情况。在陈述中，可以真诚、热情地畅谈双方过去的友好合作关系，并适当地称赞对方在商务往来中的良好信誉。由于双方关系比较密切，因此可以省去一些礼节性的外交辞令，坦率地陈述己方的观点和对对方的期望。

有时，坦诚的开局策略也可以用于实力弱于对方的谈判。因为实力的强弱双方都了解，所以没有必要遮遮掩掩。坦率地表明己方存在的弱点，有助于对方理智地考虑谈判目标。实际上，这种坦诚也表达出了实力较弱一方不惧怕对手的压力、充满自信和实事求是的态度。这比虚张声势、掩饰自己的弱点要高明得多。

（三）进攻性的谈判开局策略

进攻性的开局策略是指通过语言或行为来表达己方的强硬态度，从而获得谈判对手必要的尊重，并借此给对方施加心理压力，使谈判顺利进行下去。这种策略只在特殊情况下使用。比如，发现谈判对手居高临下、以势压人，或者有某种不尊重己方的倾向，如果任其发展下去，必然对己方不利，为了争取主动，就要采用此策略。其目的是捍卫己方的尊严和正当权益，使双方能够站在平等的地位上进行谈判。运用进攻性策略，必须注意有理、有利、有节，不能使谈判一开始就陷入僵局；陈述要切中问题的要害，对事不对人，既表现出己方的尊严、自信和认真的态度，又不能咄咄逼人，使谈判气氛过于紧张。一旦意见表达清楚，对方也有所转变，就应该及时调节一下气氛，使双方重新建立起一种友好而轻松的谈判气氛。

（四）谨慎的谈判开局策略

谨慎的开局策略是指以严谨、稳重的语言进行陈述，表达己方对谈判高度重视和鲜明的立场态度，使对方放弃某些不适当的意图，从而达到控制谈判的目的。

通常来说，谨慎的开局策略适用于以下情况：谈判双方过去有过商务往来，但对方曾有过不太令人满意的表现，己方有必要采取严谨、慎重的态度，以引起对方对某些问题的重视。运用此策略时，谈判人员可以用一些礼貌性的语言提醒对方应该注意哪些问题，不要急于拉近关系，要与对方保持一定的距离。这种策略也适合在己方对谈判对手的某些情况存在疑问，需要经过简短的接触进行摸底的情况下使用。当然，谨慎并不等于没有谈判诚意，也不等于冷漠和猜疑，使用谨慎的开局策略正是为了使谈判更富有成效。

三、开局谈判策略应注意的问题

谈判人员在使用谈判开局的各种策略时，应把握好以下10个问题：

(1) 肯定自己，不要害怕对方的身份地位。在谈判桌上，人们常常习惯于级别对等，但知识和能力并不一定与行政等级成正比。一个专家可能对某一领域过于专精而不知道本行以外的事情。所以，谈判人员要相信自己的能力，决不能被谈判对手的身份地位所吓倒。

(2) 不要被无理或粗野的态度吓住。当谈判中遇到粗野无理的对手时，谈判人员不妨当面给予严词斥责。因为如果第一次允许对方这样做，此后就会变本加厉。要把对方所表现的无理行为视为一种狐性的狡猾去对待。有时候，粗野无理也是对方的一种策略。

(3) 慢慢显示自己的实力。慢慢显示自己的实力，通常比马上暴露出全部实力更有效。因为慢慢显示实力更有利于掌握谈判的主动权，同时也使对方要花相当的时间来适应。

(4) 相信自己的潜能。大多数人实际拥有的潜能要比自己所想象的大，只要得到激励，潜能便能充分发挥出来。

(5) 不要特意掩饰自己的弱点。谈判人员要假设对方不知道弱点，然后再试探这种假设的对错，因为自己的处境往往比自己想象的要好一些。

(6) 不要认为已经了解对方的要求。要假设不了解对方的要求，然后耐心地试探对手，去发现事情的真相。如果根据自己未经证实的估计进行深入洽谈，那么多半会犯下严重的错误。

(7) 利用对方存在的不足。不要过分计较可能遭受的损失，更不用过分强调自己的困难，记住：对方存在的问题就是机会。

(8) 不要轻信对方所谓的原则、先例、规定。原则是人定的，在特定的情况下，原则、先例和规定都是可以改变的。所以，谈判人员不要轻信对方的这些借口，要保持怀疑的态度，并且向它们挑战。

(9) 注意调整开局策略。谈判人员在与谈判对手有了初步接触之后，应该根据掌握的新信息调整开局策略。首先，围绕以下两个方面进行分析：一是对方是否在谈判伊始就对合作抱有诚挚的态度；二是在己方提出的谈判方案中，哪些是对方有可能接受的，哪些是对方不易接受的。然后，根据分析结果调整谈判策略，修订谈判计划。

(10) 采用的谈判开局策略要能够激发对方的欲望。

第四节 商务谈判中的技巧分析

一、商务谈判沟通的技巧分析

(一) 商务谈判沟通的定义

要准确理解商务谈判沟通的含义，首先要了解什么是商务沟通。商务沟通是商务组织为了顺利地经营和取得经营的成功，并求得长期的生存发展和营造良好的经营环境，通过组织大量的商务活动，凭借一定的渠道(亦称媒体或通道)，将有关商务经营的各种信息发送给商务组织内外既定对象(接收者)并寻求反馈，以求得商务组织内外的相互理解、支持与合作的过程。

那么，商务谈判沟通就是指商务组织的谈判者，为了达到谈判的目的，在谈判过程中与谈判另一方或几方通过一定的手段或形式传达谈判信息、进行信息交流的过程。

(二) 商务谈判沟通的作用与类型划分

1．商务谈判沟通的作用

商务谈判沟通属于商务组织外部关系的内容。在当今环境日趋复杂、市场情况瞬息万变的情况下，与外界保持良好的沟通，及时捕捉商机并努力避免危机，是商务组织的一项重要任务，也是关系到商务组织兴衰的一项重要工作。商务谈判沟通是商务沟通的一个重要组成部分，商务谈判沟通的作用不但符合商务沟通的普遍规律，而且具有谈判沟通的独特之处。

商务谈判沟通的作用主要表现在以下三方面：

(1) 有利于维护和加强商务组织的良好形象。商务组织在公众心目中的形象，除了源自商务组织有意识的传播外，更多的还是通过与公众的日常交往和大量的商务沟通去建立。

(2) 有助于调整商务组织的形象。有效的商务谈判沟通都是双向的和互动的信息流动，因此商务组织在与政府、企业、媒体以及消费者的谈判沟通过程中，应当及时了解对方对自己的想法、期望和建议是什么，同时也将自身的经营理念、产品信息和改进措施传达给对方，这种双向互动可以极大地促进商务组织更新市场策略，及时把握市场动态，快速抓住商机，并能及时调整商务组织的形象，从而适应不断变化的市场及环境。

(3) 为商务组织创造生存与发展的环境。商务组织要想扩大对外经营领域、资源配置领域、信息来源领域等，就必须做好与各方的沟通和协调工作。要做好沟通和协调工作，谈判无疑是最重要的手段。良好的谈判技巧和沟通能力往往可以使商务组织在谈判过程中获得比较宽松、和谐的讨价空间，从而使商务组织能够充分地发挥自身的能力。

2．商务谈判沟通的类型划分

按沟通的过程分，可分为谈判前沟通、谈判中沟通、谈判后沟通 3 种形式。

(1) 谈判前沟通。谈判前沟通是指谈判双方对谈判的问题、背景、初步观点、认识、价格等在正式谈判前进行有效沟通的活动。谈判前的沟通能够使谈判人员明确谈判的问题和谈判的对手，为接下来进入实质性的谈判奠定基础。

(2) 谈判中沟通。谈判中沟通是指在正式谈判的过程中，谈判对手之间通过各种方式进行的交流与沟通。

(3) 谈判后沟通。谈判后沟通是指在正式谈判签订合同后，谈判各方本着友好、合作的精神而进行的理解性、礼节性、服务性的沟通。谈判后沟通的作用是使整个谈判工作善始善终、前后均衡，避免虎头蛇尾，使各方都能比较满意。

按沟通的媒介分，可分为语言沟通、非语言沟通两种形式。(前文已做论述，不再赘述。)

按沟通的主动性划分，可分为主动沟通和被动沟通两种形式。

(1) 主动沟通。主动沟通是指谈判者为了达到一定的谈判目的，以积极主动的态度，与谈判各方就有关问题所进行的交流与沟通，如主动发函、主动提出建议、积极邀请各方磋商等。

(2) 被动沟通。被动沟通是指谈判的一方或几方在主动沟通者的影响下被动地与其他的谈判者进行沟通的方式。被动沟通可以是某方采取的一种谈判姿态，也可能是由于形势所迫，不得已而为之，例如，谈判中“拖”的运用、以静制动策略、难以回答时的沉默等都属于被动沟通之法。

(三) 商务谈判沟通如何有效进行

1. 商务谈判沟通前的准备

商务谈判的目的是为了解决问题，解决问题的手段主要是沟通，而要想进行有效的沟通就必须提前进行相应的准备，同时自己还需具备一定的条件。

(1) 要了解谈判双方关系。商务谈判沟通往往受谈判双方已经存在的关系状态的影响。如果双方以前曾经有过愉快的合作，那么现在的关系就应该是密切的，双方沟通起来会较为容易；如果谈判双方的关系是冰冷的，则必然对沟通不利。

(2) 要明确利益问题。如果谈判双方有较多的共同利益，那么看问题的立场、角度就容易取得一致，这是双方进行良好沟通的先决条件。反之，就会使谈判各方难以理解对方所处的立场，沟通的效果欠佳也就在意料之中了。

(3) 培养亲和力。在谈判过程中，谈判人员的个人魅力、对对方的语言关爱，以及站在对方的角度考虑问题的谈判风格，都可以产生一种亲和力。亲和力能够使对方的心理得到放松，对有效进行谈判沟通具有重要作用。

(4) 发现谈判对象的特点。在谈判之前，谈判人员必须首先了解谈判对象的特点，这样才能制定出相应的谈判策略。谈判对象的特点主要包括谈判对象的资历、地位、谈判风格、谈判经验、谈判团队人员的知识结构及其从业经历等。

(5) 设计自己的谈判目的。设计自己的谈判目的是个非常关键的问题。如果对自己的谈判目的没有进行系统的设计，必将影响谈判沟通的效果。具体地说，就是谈判的主要目的与次要目的要明确；谈判目的的组成架构设计要清晰；哪些是必须保留的，哪些是可以砍掉的，哪些是可以交换的，必须一一设计出来。

2．商务谈判沟通如何提问

(1) 当谈判一方希望对方就某个问题自由表述意见时，可以采用一般式提问形式。此提问形式的特点是不限定答复的范围，使回答者能够畅所欲言。运用一般式提问，发问者易于获悉对方的立场、目的、需求和意图等。通常情况下，对方也比较乐于提供进一步的信息。

(2) 当谈判一方希望对方在特定的领域中做出肯定或者否定的回答时，可以采用是非提问技巧。通常在己方的某些观点、意图等需要对方明确表态时，或者问方为了获得某些特定的资料时采用。是非提问的特点是发问明确，只要求对方以“是”或“不是”，“有”或“没有”作答。

(3) 当谈判一方有某些特定的需要，并希望对方在表达时做出适当的考虑或给予让步时，可以采用选择式提问的形式。选择式提问的特点是谈判一方把自己的意志强加于对方，迫使对方在限制的范围内做出选择。这种咄咄逼人的方式如果运用不当很容易使谈判陷入僵局。

(4) 当谈判一方希望证实或者要求对方补充原先所做的答复时，可以采用澄清式提问的形式。澄清式提问一般用于发问方要求对方针对某一观点或先前所做的答复做出更明确、更具体的解释和阐述时。澄清式提问不仅能确保谈判双方在叙述“同一语言”的基础上进行沟通，而且也是一方对对方的话语进行反馈的一种理想方式。

(5) 当谈判一方为了获得更深一层的信息时，可以采用探索式提问的形式。探索式提问用于发问方针对对方的答复，要求对方进行引申述说或举例说明。运用探索式提问形式不仅可以比较充分地挖掘信息，而且还能够引起回答者对所谈问题的重视。

做出结论提问，可以使谈判人员借助问话把话题归于结论，即使用做出结论提问技巧。

(6) 当谈判一方需要强调己方观点的合理性，促使对方认同时，可以采用诱导式提问的形式。诱导式提问是一种对答案带有强烈暗示性的问句，在问句中已经包含了己方的观点，而且问句所暗含的判断常常是双方都认同的道理，可以使对方毫无选择余地地按发问者所设计的问句做出回答。

(7) 有时在己方谈判不利时，谈判人员为了获得思考的时间，打乱对手的部署，可以采用多层次式提问的方式。多层次式提问技巧含有多个主题，使对手难以把握。

(8) 当谈判一方为了影响对手的意见，并使其赞同己方的观点时，可以采用间接式提问的形式。间接式提问主要通过借助第三者的意见来影响对手的意见，所以使用这种提问方式务必慎重。

3. 商务谈判沟通如何陈述

陈述是一种不受对方提出问题的方向及范围限制的主动性阐述。这是商务谈判中传达大量信息、沟通感情、控制谈判进程的一种方法。恰当的陈述，在双方信息的有效传递中所起的重要作用是不言而喻的。谈判人员在陈述中应该遵循以下原则：

(1) 用语简明。无论向对方提供书面资料还是回答询问，都要力求用语简明、表述准确。如果对情况不甚了解，应推迟答复，或者实事求是地讲明，万万不可信口开河。在运用专业术语时，应注意因人而异、适度掌握。

(2) 主题明确。陈述主题要明确，不要随便发表与主题无关的意见。最好能就所谈问题进行表述。

(3) 数据准确。提出的数据要准确，避免使用含混的数字。

(4) 重视结束语。每个陈述的结束语应为小结或结论。做小结语时，应对陈述的内容进行归纳，以便让对手更加明白所表达的意思；还应对陈述的立场及观点予以明确，让对方准确无误地了解自己的态度与观点。

(5) 及时纠正错误。在陈述过程中，如果发现有错误要及时纠正，以免造成理解上的误会。

(四) 商务谈判沟通的非语言沟通如何控制

在商务谈判沟通的非语言沟通中，要做到控制有度就需要注意下面两点：

1. 非常重要的“第一印象”

在商务谈判活动中，会遇到形形色色的人，但是留给每个人第一印象的机会只有一次，而这个印象往往会牢固地印在对方的脑海中，很久都不会改变。更重要的是，对方还会从第一印象中认定出某种消极的品质，而很可能没有第二次机会来纠正对方的印象失误。

为此，谈判人员要对非语言行为进行控制，就必须从树立良好的第一印象开始。可以通过三方面树立良好的第一印象：一是树立自信；二是穿出品位；三是体语恰当。

2. 时空距离要掌握得当

任何谈判沟通都是在一定的时间和空间进行的，因此时间和空间也就成为沟通过程中不可分割的组成部分，人们总是自觉地利用时空因素来沟通有关信息。

(1) 时间控制。谈判沟通时间的选择、谈判间隔的长短、沟通次数的多少、谈判人员赴会的迟早，往往能够显示出行为主体的品性与态度。

(2) 空间控制。如果说人们对时间的利用主要是传达行为主体自身方面的信息，那么，人们对空间的利用则主要显示双方彼此间的关系。

谈判者之间的距离又被称为“界域语”，界域语受本民族文化的影响非常大。谈判人员在与人交往之前，必须了解双方的界域语，以便能恰当地运用有利于沟通的界域手段，让双方都有种安全感和舒适感。

此外，在谈判中，谈判人员座位的选择也很讲究。座位不同，表明的关系也不同，交谈的效果也会不一样。以办公室桌两边的座位为例，如果两人分坐桌子一角的两侧，显得关系友好、交谈气氛亲切，同时还有利于观察对方的体态变化，可以随时调整话题。与客户谈生意，通常会采用这种形式。

如果两人同坐在桌子一边，表明两人的关系比较亲密，或者两人的目标一致、地位相等，交谈气氛会比较融洽，容易达成合作协议。这种形式适用于熟人之间进行的谈判。

二、商务谈判僵局的分析

(一) 谈判僵局的定义

谈判僵局是指商务谈判过程中出现难以再顺利进行下去的僵持局面。在谈判中，如果谈判双方各自对利益的期望或对某一问题的立场及观点存在分歧，一时间很难达成共识，而又都不愿意做出妥协向对方让步，此时谈判进程就会出现停顿，谈判也就进入了僵持状态。

毫无疑问，谈判僵局对谈判双方的利益和情绪都会产生不良影响。通常情况下，谈判僵局会有两种结果：打破僵局继续谈判和谈判破裂。后一种结果当然是双方都不愿看到的。因此，分析谈判僵局出现的原因，研究如何运用科学有效的策略和技巧打破僵局，使谈判能够重新顺利地进行下去，就成为谈判者必须掌握的一项重要技能了。

(二) 谈判僵局产生的原因

谈判中，不论出现哪一种僵局，都有其成因。归纳起来，主要有以下几方面的原因：①偏激的感情色彩；②人员素质参差不齐；③信息沟通有障碍；④软磨硬泡式地拖延；⑤谈判中过分地论述自己的观点，形成一言堂的局面；⑥过分沉默与反应迟钝；⑦观点的争执；⑧外部环境发生变化，谈判人员对己方做出的承诺不好食言，但又无意签约，因而故意采取拖延战术，造成僵局。

（三）谈判僵局的处理思路

一旦出现谈判僵局，谈判人员应按以下思路进行处理：

(1) 积极主动地做好相关方面的疏通工作，积极寻求理解、帮助和支持，同时做出己方的大致选择。

(2) 认真研究突破僵局的具体策略和技巧，周密确定整体的行动方案。

(3) 搞清分歧的所在环节以及该环节的具体内容。

(4) 想方设法找出造成僵局的关键问题及关键人物。

三、商务谈判应对进攻与威胁的技巧分析

（一）应对进攻

成功的谈判，了解对手的情况是一种必需的准备，谈判人员只有在这种准备的基础上，才能选择应用具体而有效的谈判方式，反击对手，从而使自己立于不败之地。了解对手，最根本的是要摸清其属于哪一种类型、善于采用哪种进攻手段，这样，己方才能在谈判桌上采用行之有效的手段和方法，一击而中。

1. 商务谈判谈判对手的类型

商务谈判会遇到不同类型的谈判对手。

(1) 强硬型谈判对手。这种对手的情绪往往表现得十分激烈，态度强硬，在谈判中趾高气扬，不习惯也没耐心去听对方的解释，总是按着自己的思路考虑问题，认为自己的条件已经够好的了；喜欢在谈判中虚张声势，动不动就威胁、恐吓对手；总是咄咄逼人，不肯轻易示弱。

(2) 攻击型谈判对手。这种对手往往有目的、有针对性地向对方发起进攻，以此来迫使对方屈服，甚至不给对方反抗的余地。

(3) 搭档型谈判对手。这种对手在谈判过程中若隐若现、虚实相间，最是令人防不胜防。常见的表现是：谈判开始时，对方只派一些低层人员作为主谈手，到谈判快要达成协议时，真正的主谈手才突然插进来，表示以前其谈判人员没有权力做出这样的决定；或是此前双方所谈的价格过低，或是时间难以保证。当表示很失望或者觉得一切都完了的时候，对方往往会说："如果确实急需，也可以成交，不过在价格上需要做些调整……"此时必然会感到无可奈何，因为谈判进行到了这个时候，己方已经完全摊开了底牌，对方掌握了谈判的一切秘密，若想达成协议，除了做出让步之外别无他法。

(4) 逼迫型谈判者。这也是一种很难对付的谈判对手。这种类型的谈判者经常会采取各种方式来威胁对方，使对方就范，例如，利用期限、拖延战术、对方的竞争对手，甚至用无中生有的方法等进行逼迫。这些逼迫方式往往比正面强迫更有效。

(5) 圈套型谈判对手。这种对手通常比较喜欢施展自己的聪明机智，在谈判中给对方设下各种各样的圈套。有时通过语言来设置圈套，有时则通过一些动作或事实来设置圈套，有时干脆将整个谈判设置成一个大圈套。遇到这种对手，稍不注意，就会落入其设置的圈套中。

2．商务谈判不同谈判对手应对的不同手段

应对不同类型的谈判对手要运用不同的进攻技巧，谈判中常用的应对进攻的技巧如下：

(1) 对付强硬型谈判对手的技巧。应该有目的、有计划地对对方进行反击。不过，在进行反击之前，谈判人员最好先了解一下对手的情况。

(2) 对付攻击型谈判对手的技巧。攻击型谈判对手往往以表面的气势汹汹来掩盖其理由的不足，往往想用气势压倒对方。对付这类人，谈判人员必须注意的一点就是切莫惊慌、自乱阵脚。同时，也不要过于愤怒，使自己失去分寸。因为无论是自乱阵脚还是失去分寸，都会给对方以可乘之机，同时也会使己方受到一定程度的损害。

攻击型的对手表面上看的确有点令人畏惧，而击败的关键是要找到其要害，也就是理由不足之处。掌握了这一点，便可以用对付强硬派的手法来进行对付。

(3) 对付搭档型谈判对手的技巧。和这种谈判对手进行谈判，一定要小心谨慎。在谈判之初，必须了解对手是否有权在协议书上签字。如果对方表示决定权在上司那里，那么，就应该坚决拒绝谈判。此外，既然对手派来的是下层人员来谈判，不妨如法炮制，也派下属人员去谈判或者由别人代替去谈判，等到快要达成协议时，再直接与对方掌权的人谈判。这样，就能获得较大的转换空间，不至于到关键时刻被对手牵制。

(4) 对付逼迫型谈判对手的技巧。对于对手的竞争式逼迫，首先应该分析自己的优劣，并与竞争对手的优劣进行比较。如果确信自己具有优势，就应该坚持自己的原则立场，不为对方的逼迫所动，这样就可以多获利或少受损失。

拖延式逼迫与期限式逼迫的区别在于，前者是不给定时间的，而后者是给定时间的，二者的共同点是都用时间来给对方造成压力。对付这种谈判对手，应当从两个方面权衡，再确定应对办法。一方面是如果己方超过这个期限或无限期拖延下去是否会有损失，如果有，损失有多大；另一方面是己方对这份协议的重视程度如何。一般而言，应当认真研究对方设定期限或拖延的动机，还要仔细比较不能达成协议，双方的损失，由此判断出对方设立期限或拖延是在制造压力，还是真想终止谈判。

(5) 对付圈套型谈判对手的技巧。由于圈套型谈判对手总是设置各种各样的圈套，使人防不胜防，因此一定要以求稳为原则，不可急于求成。

(二) 应对威胁

威胁，实际上就是施加压力，这是在谈判中用得最多的战术。因为威胁很容易操作，它比提条件、说服等要容易得多。威胁只要几句话即可，而且不需要兑现，因此许多谈判人员都会自觉或不自觉地使用威胁手段。威胁具有以下特点：威胁是一种谈判战术，而不是一种战略；威胁虽然可以使实施的一方赢得暂时的胜利，但它会打乱整个谈判的进程，甚至会破坏谈判双方的长远关系；威胁实质上是一种让步，当威胁者在向对方施加威胁时，他的真实用意是，假如接受意见，或者停止行动，就会放弃惩罚或者做一定的让步；当威胁无法起作用时，威胁者的可信度就会大大降低；威胁有时会导致对方的反威胁。

1．威胁的类别划分

在实际谈判中，谈判人员采用的威胁方式、方法很多，大体有以下几个类别。

(1) 按威胁的表现划分：①强烈、直接的威胁。这种威胁虽然能够引起对方的关注并且加剧其不安和恐惧，但同时也会使对方产生更加强烈的逆反心理，所以效果反而比较差。②中间型的威胁。这种威胁是介于强烈与轻微、直接与间接之间的一种类型。③轻微、间接的威胁。

通过心理实验发现，在上述三种威胁方式中，第三种即“轻微、间接的威胁”的效果最明显。

(2) 按威胁的方式划分：①语言威胁。也就是直接运用语言威胁对方。②行动威胁。这是一种直接向对方显示自己力量的威胁方式。③人身攻击。它的第一种表现是，愤怒的一方面红耳赤，大肆指责谩骂另一方，有的人还可能拍桌子、高声叫喊。这种做法的目的就是试图通过激烈的对抗方式向对方施加压力，迫使对方屈服。第二种表现是，一方寻找各种讽刺挖苦的语言嘲笑对方、羞辱对方，从而使对方陷入尴尬难堪的境地，借此出心头之气，或激怒对方做出让步。这种手段有时可能达到目的，但更多的情况还是把对方推到了自己的对立面，使谈判变得更加困难。第三种表现是，一方采用或明或暗的方式，使另一方产生身体上、心理上的不适感，另一方为了消除这种不适而向对手屈服。实践证明，大多数人对此会感到不舒服，却又无法提出。

(3) 按威胁的性质划分：①经济的威胁。如果协议没有达成，就会增加单方或双方的成本，还会减少单方或双方的利润。②法律的威胁。如果协议没有达成，就要运用制裁或法律禁令来阻止对方采取行动或拖延谈判进程。③感情的威胁。如果对方不做出让步，就会使对方从情感上感到愧疚，或者会影响双方的感情和友谊。④政治的威胁。如果对方不做出让步，就会影响双边的政治关系。⑤暴力的威胁。如果谈判破裂，就要直接运用暴力迫使对方就范。

2. 对付威胁的技巧方法

在谈判中，对付威胁常用的技巧主要有以下 5 种：

(1) 无视威胁，对其不予理睬。

(2) 告诉对方不能在威胁下进行谈判，己方只有对方能够证明接受这样的条件能给己方带来好处时才可能做出让步。同时，还要看有无其他的选择。

(3) 佯装不知道这回事，或者将对方的威胁看成是开玩笑，表示对其不予关心。

(4) 向对方表示威胁对己方毫无损害，同时指出对方施加威胁自身也是有风险的。

(5) 以威胁反击，同时警告对方，如果双方谈不妥，局面会更加难堪。

四、网络商务谈判的应对技巧

(一) 网络商务谈判的定义及特征

网络商务谈判是借助于互联网进行协商与对话的一种特殊的书面谈判。这种谈判方式为买卖双方的沟通提供了丰富的信息和低廉的沟通成本，所以具有强大的吸引力，也是社会发展的必然。

1. 加强了信息交流，改善了服务质量

过去，一封商务谈判函件要几天才能收到，而且有可能迟到、遗失，而今通过互联网几分钟甚至几秒钟就能收到，而且准确无误。更重要的是，网络谈判既有电话谈判快速、联系广泛的特点，又有函电内容全面丰富、可以备查的特点，可以使企业、客户及时掌握需要的最新信息，此外，还有利于增加贸易机会、开拓新市场。它还有一个特点就是它所提供的是一年 365 天、每天 24 小时的全天候与客户交流沟通的沟通方式，因此可以在很大程度上改善与客户的关系。

2. 既降低了成本，又有利于慎重决策

采用网络谈判方式，谈判人员无须四处奔跑，只需向国内外企业发出 E-mail，可以分析比较不同客户的回函，从中选出对自己最有利的协议条件，从而使企业节省了人员开销、差旅费、招待费、管理费等多项费用支出，甚至比一般通信费

用还要省得多，大大降低了谈判成本。

网络谈判以书面形式提供议事日程以及谈判内容，而且能在几秒钟内抵达，使得谈判双方既能仔细考虑本企业所提出的要点，尤其是那些谈判双方可能不清楚的条件可以书面传递、事先说明，又能使谈判双方有时间同自己的助手或企业领导以及决策机构进行充分的讨论与分析，甚至在必要时，还可以向那些不参加谈判的专家请教，有利于双方慎重决策。

3. 提高了谈判效率，增强了企业的竞争力

进行网络谈判，由于具体的谈判人员互不见面，各自代表的是自己的企业，因此双方可以不考虑谈判人员的身份，不去揣摩对方的性格，只要把主要精力集中在己方条件的洽谈上，避免因谈判者的级别、身份不对等因素而影响谈判的开展和交易的达成就可以了。企业无论大小，在网站上都是一个页面而已，双方面对的是相同的市场，都处于平等的竞争条件之下。互联网谈判有助于消除中小企业较之大企业在信息化程度方面的弱势，能够显著提高中小企业的竞争力。

当然，网络谈判也有自身的弊端，这主要表现在：一是商务信息公开化，容易导致竞争对手的加入；二是互联网的故障、病毒等会在一定程度上影响商务谈判的开展。

（二）网络商务谈判的流程步骤

中国商品交易中心的网络谈判流程，基本上可以分为以下 8 个步骤：

(1) 买方查询合同内容，屏幕上显示有关合同状态的说明，以及买卖双方在签约时的注意事项。

(2) 屏幕显示合同第一页。合同的第一页需要填写地点和时间。

(3) 填写合同内容。买方可以查询卖方关于报价的信息，还可以对计量单位、数量、单价进行修改，修改完成后按“保存”键，并确认，此时，屏幕上会出现数据更新成功的提示。

(4) 买方可以根据交易系统提供的卖方信息和中介方信息，填写发盘有效期，然后按“保存”键。这时，屏幕上会出现关于数据更新成功的提示，单击“确认”键确认，再点击“发往对方”键，便结束了买方对合同草案的填写过程。

(5) 当卖方查询合同时，可以点击“合同草案”键，在填写完企业编码和密码后，屏幕会立即显示出买方的合同状态，选择相应状态，可以轻松查看合同草案内容。

(6) 卖方查看买方发来的合同，对网页上的数量、单价等重要条款修改后，单击“保存”键，然后确认即可。

(7) 卖方填写完毕之后，先点击“保存”键，再点击“确认”键，合同就会立即发回买方。买方查询时，屏幕会显示出卖方的合同状态，选择相应状态，便可查看合同状态。

(8) 买方查看完毕，如果对卖方的还盘仍有异议，可以做出修改，修改完毕后“发往对方”。如果对卖方的还盘没有异议，可以按“接受”键。此时，该合同进入中国商品交易中心管理库，买卖双方不再具有修改、删除的权利。

第五节 商务谈判合同的解析

谈判双方经过讨价还价，最终对交易内容和条件达成了完全一致的看法和意见，这可以说已经完成了谈判的一大半工作，但还不是全部工作。因为谈判的成果还必须以合同的形式来体现，取得法律的保护，这样它才是巩固的、确实的。同时，签订合同时还会涉及某些有关双方的责任、权利和义务承担的问题，而这些问题可能是前面的谈判所没有涉及的，或者没有充分展开讨论的，因此，在签订合同时必须将这些问题全部落实。商务合同要尽可能完善、全面、准确、肯定和严密，这样既可以清楚地规定合同双方的权利和责任，又能防止和减少日后不必要的矛盾和纠纷。

一、商务合同的种类划分和内容

(一) 商务合同的特征和种类划分

1. 商务合同的特征

商务合同是谈判双方在经济合作和贸易交往中，为实现各自的经济目标、明确相互之间的权利义务关系、通过协商一致而共同订立的协议，因此，商务合同一般具有以下特点：

(1) 商务合同是一种法律文件。一方面，商务合同必须遵守国家法律规定，符合国家政策和计划要求，涉外商务合同还须遵守国际条约和国际惯例。另一方面，商务合同的签订是一种经济和法律行为，任何一方违反合同规定都要承担法律的和经济的责任。

(2) 体现权利义务平衡。当事人一方所享受的权利，必须与其所承担的义务相对应，双方应互有权利和义务，这种平衡要体现在合同的每一条文之中，并贯穿始终。

(3) 合同当事人应有合法行为能力。签订商务合同的主体必须是具有法人资格的企业或国家法律许可的个体工商户。

(4) 合同条文必须明确、规范。合同作为一种法律文件，应同时具备严肃性、规范性和可保存性。商务合同除即时清结的以外，一般采用书面形式。

2. 商务合同的种类划分

商务合同的种类繁多，可从不同角度加以区分。

(1) 按业务性质和内容划分。这是目前最常用的分类方法。《中华人民共和国合同法》的“分则”部分把常用合同按业务性质和内容分为15类，并对其条款做了具体规定。这15类合同是：买卖合同(又称购销合同)，供用电、水、气、热力合同，赠与合同，借款合同，租赁合同，融资租赁合同，承揽合同，建设工程合同，运输合同，技术合同，保管合同，仓储合同，委托合同，行纪合同，居间合同。

(2) 按合同成立的程序分，有承诺合同和实践合同。双方意思表示一致，合同即告成立的，称作承诺合同。例如，购销合同，建筑工程承包合同等。双方达成协议后，还须交付标的才能成立的合同，称作实践合同，例如，借款合同，保管合同，运输合同等。

(3) 从合同成立是否需要特定方式划分，有要式合同与非要式合同。凡需要履行特定的方式才能成立的合同，称为要式合同。如需要经济签证、公证或有关机关核准登记才算成立的合同，属要式合同。要式合同未履行特定方式前，合同不算成立，也不发生法律效力。非要式合同则对合同成立的形式没有特别要求。

(二) 商务合同的构成及条款内容

1. 商务合同构成的四大部分

随着社会经济的发展、交易的复杂化，各类商务合同示范文本也应运而生。综观内容繁简不一的商务合同文本，可以发现其具有较为稳定的书面结构模式。商务合同一般由首部、正文、尾部和附件四部分构成。

(1) 首部。合同的首部称为约首，通常由标题、当事人基本情况及合同签订时间、地点构成。具体包括合同的详细名称、签订合同当事人的名称(姓名)、签订合同的目的和性质、签订合同的日期和地点、合同的成立以及合同中有关词语的定义和解释等内容。

(2) 正文。合同的正文是合同的内容要素，即合同的主要条款，是合同最重要的部分。正文包括合同的标的与范围、数量与质量规格、价格与支付条款及相应条件、违约责任、合同效力等。由于此部分是合同关键所在，所以在签订合同时往往在内容上比较明确、具体而又准确。

(3) 尾部。合同的尾部为合同的结尾部分，内容包括合同的份数、合同的有效期、双方当事人签名、通信地址、盖章、银行开户名称、开户银行账号、签证或公证等。

(4) 附件。合同的附件是对合同有关的条款做进一步的解释与规范，对有关技术问题做详细阐释与规定，对有关标的操作性细则做说明与安排的部分。如技术性较强的商品买卖合同，需要用附件或附图的形式详细说明标的全部情况。合同附件是合同的共同组织部分，同样具有法律效力。除了以上主要内容外，根据不同谈判目的和合同类型的具体特点，都可以将谈判双方已经达成的一致意见以书面形式肯定下来，并以准确的词语加以表达，形成一份合同。

合同由于种类多，内容广，其具体格式在世界各国并无统一的规定，因此具体写作中可有一定的灵活性。但有的国家政府为了便于审查批准，对某些涉外合同的格式有具体专门的规定，书写时必须参照。

2. 商务合同的条款内容

商务合同的种类、形式极多，具体内容各异，但其主要条款则是稳定的。商务合同的主要条款是指一般商务合同都必须具备的共性条款，它规定了当事人双方的权利和义务，是确认商务合同是否合法有效的主要条件，也是当事人双方全面履行商务合同的主要依据。其包括的主要条款如下：

(1) 标的。合同的标的是整个谈判的中心内容，是合同当事人权利和义务共同指向的对象。商务合同种类不同，其标的也不相同。标的可以是货物，可以是货币，也可以是工程项目、智力成果等。但无论何种标的，都必须符合国家法律、法规的规定，国家限制流通的物品不能作为商务合同的标的。同时，合同的标的要写明标的名称，以使标的特定化，以便确定当事人的权利和义务。

(2) 数量和质量。数量是标的在量的方面的具体化，是计算和衡量合同当事人权利、义务的尺度。在数量条款中，应当根据标的的种类，规定计量标的的单位和方法。此外，还应当考虑可能发生的误差幅度和自然损耗程度等问题。质量是标的内在素质和外观形象的综合状况，包括标的名称、品种、规格、型号、等级、标准、技术要求、物理和化学成分、款式、感觉要素、性能等。关于质量标准，有国家标准或者行业标准的，按国家标准或者行业标准，没有国家标准或者行业标准的，由双方协商。

数量和质量条款是合同的主要条款。没有数量，权利义务的大小很难确定；没有质量，权利义务极易发生纠纷。因此该条款应力求规定得明确、具体。

(3) 价款或酬金。价款是根据合同的规定，取得财产的一方当事人向另一方当事人支付的以货币表示的代价。酬金是根据合同取得劳务、智力成果的一方当事人向另一方当事人支付的货币。价款和酬金是有偿合同的必备条款，合同中应说明价款或酬金数额及计算标准、结算时间、结算方式和程序等。如果有政府定价和政府指导价的，要按照规定执行。

(4) 合同的期限、履行地点和方式。合同的期限包括有效期限和履行期限。有的合同如租赁合同、借款合同等必须具备有效期限。合同的履行期限是当事人履行合同的时间界限。履行期限直接关系到合同义务完成的时间，涉及当事人的期限利益，也是确定合同是否按期履行或者逾期履行的客观依据。正因如此，期限条款还是应当尽量明确、具体，或者明确规定计算期限的方法。

履行地点是指当事人履行合同义务的地点，亦即交付或提取标的物的地方。不同种类的商务合同，履行地点也有不同的特点。如买卖合同中，由买方提货的，在提货地履行；由卖方送货的，在买方收货地履行。在工程建设合同中，在建设项目所在地履行。履行地点有时是确定运费由谁负担、风险由谁承担以及所有权是否转移、何时转移的依据。履行地点也是在发生纠纷后由哪一地方法院管辖的依据。

履行方式是指当事人采用什么方式履行合同义务。它包括标的的交付方式和价金的结算方式。不同的商务合同，决定了履行方式的差异。履行可以是一次性的，可以是在一定时期内的，也可以是分期、分批的。履行方式与当事人的利益密切相关，应当从方便、快捷和防止欺诈等方面考虑采取最为适当的履行方式，并且在合同中应当明确规定。

(5) 违约责任。违约责任是指因当事人一方或双方的过错，造成商务合同不能履行或不能完全履行而责任方必须承担的法律责任。合同规定违约责任有利于督促当事人自觉履行合同，发生纠纷时也有利于确定违约方所承担的责任，这对合同的履行具有保障作用。通常有关合同的法律对于违约责任都已做出较为详尽的规定，但为了保证合同义务严格按照约定履行，更加及时地解决合同纠纷，也可以在合同中约定违约责任。

(6) 解决争议的方法。解决争议的方法指合同争议的解决途径，对合同条款发生争议时的解释以及法律适用等。合同发生争议时，其解决方法包括当事人协商、第三人调解、仲裁、诉讼四种途径。解决争议的方法选择对于纠纷发生后当事人利益的保护是非常重要的。如果意图通过诉讼解决争议，可以不进行约定；如果选择适用仲裁解决，则要经过事先或者事后约定，还要明确选择是哪一个仲裁机构。

(7) 其他。除合同主要条款以外，双方当事人应根据实际情况约定其他有关双方权利和义务的条款。如果是涉外商务合同，还有合同适用法律的选择和确定问题。

二、商务合同的拟订审核与履行维护

（一）拟订与审核

1．合同文本的起草阶段

当谈判双方就交易的主要条款达成一致意见后，就进入合同的起草阶段，自然就提出由谁起草合同文本的问题。一般来讲，文本由谁起草，谁就掌握主动。因为口头上商议的东西要形成文字，还有一个过程，有时仅仅是一字之差，意思则有很大区别。起草一方的主动权在于可以根据双方协商的内容，认真考虑写入合同中的每一条款，斟酌选用对己方有利的措辞，安排条款的顺序或解释有关条款，而对方对此则毫无思想准备。因此在谈判中应重视合同文本的起草，尽量争取由己方起草合同文本。即使做不到这一点，也要与对方共同起草合同文本。

2．合同文本的审核阶段

关于合同文本的审核，应从两个方面考虑：如果文本使用两种文字撰写，则要严格审核两种不同文字的一致性；如果使用一种文字撰写，则要严格审核合同文本与协议条件的一致性。核对各种批件，包括项目批文、许可证、用汇证明、订货卡等是否完备以及合同内容与各种批件内容是否一致。这种签约前的审核工作相当重要，因为常常发生两种文本与所谈条件不一致的情况。审查文本务必对照原稿，不要只凭记忆阅读审核。同时要注意，合同文本不能太简约。啰嗦固然不好，过于简约的弊端更多。散文的简约可以给读者制造想象的空间，合同的简约往往只会造成空子。

当审核中发现问题时，应及时互相通告，并调整签约时间，使双方互相谅解，避免因此而造成误会。对于文本中的问题，一般指出即可解决。有的复杂问题需经过双方主谈人再谈判，对此思想上要有准备。不过态度要注意，对不当的地方，自然应明确指正，以信誉相压，不可退却。否则，对方会得寸进尺，全面反攻，争取更多条件；过去未明确的问题，或提过但未认真讨论，或讨论未得出统一结论的问题，可耐心再谈。能统一则统一，对不能统一又非原则的问题可删去。

3．合同主体、客体以及合同签订过程的审查阶段

由于合同是具有法律效力的法律文件，因此，签订合同的双方都必须具有签约资格，否则，合同主体不合格，所签订的合同书就无效。因此，签约时必须对合同的主体进行严格的审查。同时，商务合同客体必须合法，即合同的交易对象、交易范围以及交易程序都应符合国家的有关法律、法规，都是政策所允许的。另外，合同的签订过程必须合法，即合同的签订过程必须具有合法的形式和完备的

手续。对于口头形成的商务合同，必须即时清结；对于不能即时清结的商务合同，必须采用书面形式。为了确保合同的有效成立，签订合同时手续必须完备。凡是依法须由主管部门批准或者履行必要的手续才能签订的商务合同，必须报经批准或者履行必要手续后才能签约。

（二）履行及维护

1. 商务合同的履行

合同的履行是指合同生效后，双方当事人按照合同的约定或法律的规定，全面地、正确地履行自己所承担的义务。

商务合同生效后，当事人就质量、价款或者酬金、履行地点等内容没有约定或者约定不明确的，可以协议补充；不能达成补充协议的，按照合同有关条款或者交易习惯确定；按照上述规定仍不能确定的，适用下列规定：

第一，质量要求不明确的，按照国家标准、行业标准履行；没有国家标准、行业标准的，按照通常标准或者符合合同目的的特定标准履行。

第二，价款或者报酬不明确的，按照订立合同时履行地的市场价格履行；依法应当执行政府定价或政府指导价的，按照规定履行。

第三，履行地点不明确，给付货币的，在接受货币一方所在地履行；交付不动产的，在不动产所在地履行；其他标的，在履行义务一方所在地履行。

第四，履行期限不明确的，债务人可以随时履行，债权人也可以随时要求履行，但应当给对方必要的准备时间。

第五，履行方式不明确的，按照有利于实现合同目的的方式履行。

第六，履行费用的负担不明确的，由履行义务一方负担。

第七，执行政府定价或政府指导价的，在合同约定的交付期限内政府价格调整时，按照交付时的价格计价。逾期交付标的物的，遇价格上涨时，按照原价格执行；价格下降时，按照新价格执行。逾期提取标的物或者逾期付款的，遇价格上涨时，按照新价格执行；价格下降时，按照原价格执行。这一规则同时也体现了对违约方的制裁。

2. 商务合同的违约责任

违约责任指违反合同的责任，是当事人因违反合同义务而依法应当承担的责任。其实质是对合同有效性的维护。认定合同当事人的违约责任必须在客观上具备 4 个条件：

第一，当事人有违反合同义务的行为。

第二，当事人的违约行为并非因不可抗力所致。

第三，违反合同义务的行为已经造成损失。

第四，在违反合同的行为和有关损失之间存在因果关系。承担违约责任的形式主要如下：

(1) 违约金，即法律规定或者合同约定的，一方当事人一旦违反合同义务便应当向对方支付的金钱。违约金带有对违约人的经济处罚和对受损失方予以补偿的性质。

(2) 赔偿金，即由违反合同义务的当事人对于因自己违反合同义务给对方造成的损失，以支付金钱的方式来予以补偿，被用于赔偿损失的金钱称为赔偿金。

3. 商务合同争议的处理方法

商务合同的履行过程中，由于市场主体之间的利益总是存在不一致，经济权利义务之间可能会发生冲突，从而导致各种权益纠纷的产生，即商务合同的争议。商务合同争议的处理方式主要有协商、调解、仲裁和诉讼4种。

第一，协商。合同纠纷的协商是指在经济合同发生纠纷时，由双方当事人在自愿、互谅的基础上，按照《中华人民共和国合同法》以及合同条款的有关规定，直接进行磋商，通过摆事实、讲道理，取得一致意见，自行解决合同纠纷。通过协商解决商务合同纠纷，不必经过第三者，既可以免伤和气，避免事态扩大，也可以节约时间、精力和费用，同时也有利于双方当事人继续保持经济合作关系。

第二，调解。调解是指如果当事人双方通过协商未达成一致，任何一方均可向合同管理机关等申请调解，通过对当事人进行说服教育，促使当事人双方相互让步，并以双方当事人自愿达成合同为先决条件，达到平息争端的目的。调解通常有行政调解和司法调解两种形式。通过调解方法使问题得到恰当的解决，是合同管理机关解决经济合同纠纷的基本方法。它与仲裁明显的区别是：调解不能强制当事人接受解决方法，它只能通过建议、方案或利用调解人的威信促使当事人接受某种解决方法。

第三，仲裁。仲裁又称公断，是指发生纠纷的当事人达成协议，根据所达成的协议内容，自愿将纠纷提交非司法机构的第三者居中判断，并做出对争议各方均有约束力的裁决的一种纠纷解决制度。仲裁既具有一定的灵活性，又有法律强制性，它是使用非常广泛的解决争议的一种方法。

第四，诉讼。所谓诉讼是指合同纠纷当事人依民事诉讼程序向人民法院起诉，请求人民法院运用审判程序来解决商务合同纠纷的一种方法。当事人没有在商务合同中订立仲裁条款，事后又没有达成书面仲裁协议的，可以向人民法院起诉。可见，诉讼是解决商务合同纠纷的最终手段。

三、涉外商务合同与国际惯例分析

（一）涉外商务合同

1．涉外商务合同的特殊性表现

涉外商务合同是我国的企业或其他经济组织同外国的企业、其他经济组织或个人之间，在进行经济合作和贸易往来中为实现一定的经济目的、明确相互之间的权利义务关系、通过协商一致而共同订立的协议。涉外商务合同因其“涉外”而有其特殊性，具体表现如下：

第一，它涉及合同双方当事人所属国家的经济法规和对外经济贸易政策。两国企业之间的经济是受两国对外经济贸易政策的影响与制约的，任何企业都不能违背本国政府制定的对外经济贸易政策，同样，任何企业或经济组织，都必须遵守所在地国家的法律制度。

第二，它影响当事人双方所属国家的经济权益关系。两国企业之间的经济往来关系是两国之间经济关系乃至外交关系的一部分，它使资源在两国之间发生流动，从而影响两国的经济利益。

第三，它涉及司法管辖权以及法律适用选择的问题。在涉外商务活动中，当事人国家的法律对商务活动都有一定的管辖权，它们之间往往需要分清各自的范围，以及确定在冲突情况下如何调整解决。

2．涉外商务合同应注意的条款

涉外商务合同的结构与普通的商务合同是一样的，但在合同条款中有一些不同。与普通商务合同相比，涉外商务合同应该特别注意以下条款：

第一，价格条款。单位国际贸易中的价格条款不仅涉及货物的长距离运输、外国货币的使用，还要反映买卖双方在交货过程中所承担的责任、风险和费用。因此，在价格条款中，一般使用固定的价格术语。

第二，装运条款。实际上，在价格术语中已经包括了由谁承担运输责任，装运条款只是将运输中的一些具体事项明确化，主要应订明运输方式、装运日期、装运港和目的港、滞期费的支付以及装运工具的提供和装运单证等。其中，装运日期尤为重要，如果卖方不能在规定时间内装运，买方有权拒收货物。

第三，保险条款。这是国际商务合同中很重要的一项条款，它主要包括由谁负责投保和支付保险费用，以及投保的险别与保险的金额和赔偿责任等内容。保险条款的规定方法同合同所采用的价格术语有着直接的联系。在按 FOB(离岸价)和 CFR(到港价)条件成交时，由于保险由买方自行负责，保险条款也比较简单，一般只原则性地规定：保险由买方负责。但在按 CIF(到岸价)条件成交时，保险条款就必须订得明确、具体。

第四，结算条款。此条款亦称为支付条款，是指合同中有关买方支付货款的各个条文，主要规定支付手段、支付方式和支付时间、地点等内容。

第五，商检条款。由于检验与索赔往往连在一起，因而合同中的检验条款常与索赔条款合在一起。它规定买方何时、何地、通过何种机构、以何种方法对货物进行检验，以及拒收货物或提出索赔的权利。

第六，法律适用条款。根据各国法律和有关国际条约的规定，合同当事人可以根据意思自治原则选择合同所适用的法律，也即法律适用选择。这些法律可以是当事人的本国法，可以是第三国法，也可以是国际条约或国际惯例。所谓法律适用选择主要是指采用何国法律来解释合同或者合同中的某些特定条款。合同签订的地点与合同适用的法律有关，当某个合同没有规定选择的法律时，一旦因合同产生争议，即可以依照惯例适用合同缔结的法律。因此，在我国企业与外商订立涉外商务合同时，应尽力争取在中国境内订立。

（二）国际惯例分析

1．国际规则的构成

国际规则主要由国际条约构成，国际条约是国家间缔结的确定、变更或终止相互权利义务关系的协议。现在使用得最广泛的国际规则莫过于世界贸易组织规则。我国加入世界贸易组织后，对任何经济组织和个人来说，应该遵守的世界贸易组织规则不仅仅是乌拉圭回合达成的协议文本，还包括我国加入世界贸易组织的承诺，这些都是具有约束力的规则。世界贸易组织规则中规定和确认当事人的权利、义务等实体问题的内容主要包括三部分：货物贸易规则、服务贸易规则、与贸易有关的知识产权规则；另外还有用以保证当事人的权利和义务得以实施的有关程序，包括争端解决规则与程序、贸易政策审议机制。

2．国际惯例的形成

在国际商务活动中，经常需要引用国际惯例的规定。所谓国际惯例，是指在长期的普遍的国际商务实践中形成的习惯做法，它常常表现为一些约定俗成的成文或不成文的规章。一些国际惯例虽然是“不成文的”，但它确实构成了国家间谈判磋商的依据。通常，国际惯例大体上形成于 3 种情况：

(1) 国家之间的外交关系，表现为条约、宣言、声明、各种外交文书等。

(2) 国际机构的实践，表现为决议、判决等。

(3) 国家内部行为，表现为国内法规、判决、行政命令、社会习俗等。

以上 3 种构成了国际惯例的证据。当然，依据国际惯例进行谈判，情况是非常复杂的，必须灵活运用。

在国际商务活动中，采用国际惯例主要有两方面的作用，一方面是把国际商务活动中的一些做法逐步加以统一，这有利于国际商务活动的进行，减少或避免纠纷，发生了纠纷也较易于处理；另一方面是可以补充合同的法律规定之不足，对有些合同和法律中均未做明确规定的事项，就可以引用国际惯例的规定来处理。

但应当指出的是，由于国际惯例不是各国的共同立法，也不是一国的法律，因而在未经国家认可的情况下不具有法律约束力。国家认可国际惯例的方式有两种。

(1) 直接认可，即将某一国际惯例的内容直接纳入本国的法律规范中。

(2) 间接认可，即允许谈判者协商是否接受某一国际惯例。如果在涉外商务合同中双方当事人确认了以某个国际惯例为原则，那么它就具有了法律效力。

四、合同、法律和国际惯例的主要关系

涉外商务活动既是一种经济行为，又是一种法律行为。涉外经济合同的洽商、订立和履行，都必须符合有关的法律规范，这样才能得到法律的承认和保护。这里所说的法律规范，既包含各有关国家的法律，也包含有关的国际条约和公约，还包含有关的国际贸易惯例。

关于涉外商务合同、法律和国际贸易惯例三者之间的关系，可以扼要概括为以下 3 条：

(1) 凡在依法成立的合同中明确规定的事项，应当按照合同规定办理。

(2) 如果合同中没有明确规定的事项，应当按照有关的法律或国际条约的规定来处理。

(3) 如果合同和法律中都没有明确规定的事项，则应当按照有关的国际惯例的规定来处理。

参 考 文 献

[1] 白远．国际商务谈判[M]．北京：中国人民大学出版社，2008．
[2] 陈岩．国际商务谈判学[M]．北京：中国纺织出版社，2010．
[3] 陈玉章．商务谈判实务[M]．北京：北京理工大学出版社，2010．
[4] 丁建忠．商务谈判[M]．北京：中国人民大学出版社，2007．
[5] 方其．商务谈判[M]．北京：中国人民大学出版社，2011．
[6] 贯越．谈判的艺术[M]．北京：京华出版社，2008．
[7] 憨氏．轻松商务谈判[M]．呼和浩特：内蒙古文化出版社，2009．
[8] 徐卫星．商务谈判[M]．北京：经济科学出版社，2009．
[9] 杨易．商务谈判艺术[M]．北京：金盾出版社，2011．
[10] 姜百臣．商务谈判[M]．北京：中国人民大学出版社，2010．
[11] 李昆益．商务谈判技巧[M]．北京：对外经济贸易大学出版社，2007．
[12] 李力刚．谈判说服力[M]．北京：北京联合出版社，2013．
[13] 李品媛．现代商务谈判[M]．大连：东北财经大学出版社，2008．
[14] 林伟贤．中国人的优势谈判[M]．北京：北京大学出版社，2012．
[15] 林晓华，王俊超．商务谈判理论与实务[M]．北京：人民邮电出版社，2016．
[16] 刘必荣．完美谈判[M]．北京：北京大学出版社，2007．
[17] 刘必荣．中国式商务谈判[M]．北京：北京大学出版社，2011．
[18] 刘园．国际商务谈判[M]．北京：中国人民大学出版社，2009．
[19] 毛晶莹．商务谈判[M]．北京：北京大学出版社，2010．
[20] 石永恒．商务谈判精华[M]．北京：团结出版社，2003．
[21] 宋贤卓．商务谈判[M]．北京：科学出版社，2007．

[22] 孙平．当代商务谈判[M]．武汉：武汉大学出版社，2007.

[23] 汤秀莲．国际商务谈判[M]．天津：南开大学出版社，2008.

[24] 王剑飞．赢在谈判[M]．广州：广东经济出版社，2008.

[25] 王景山．商务谈判[M]．西安：西北工业大学出版社，2009.

[26] 王绍军，刘增田．商务谈判[M]．北京：北京大学出版社，2009.

[27] 邢桂平．谈判就这么简单[M]．北京：北京工业大学出版社，2010.